ENTRE LES LIGNES
LITTÉRATURES SUD

Collection dirigée par
Christiane Chaulet Achour et Jean-Baptiste Dufour

L'enfant de sable

DANS LA MÊME COLLECTION

Aimé Césaire, *Une tempête*, d'après la Tempête de Shakespeare adaptation pour un théâtre nègre. Étude critique par Huguette Emmanuel Bellemare. 2013.

Frantz Fanon, *Peau noire, masques blancs*. Étude critique par Christiane Chaulet Achour. 2013.

Ahmadou Kourouma, *Les Soleils des indépendances*. Étude critique par Jean Ouédraogo et Saidou Alcény Barry. 2013.

Jean-Joseph Rabearivelo, *Presque-Songes*. Étude critique par Charles-Édouard Saint Guilhem. 2013.

Aimé Césaire, *Une saison au Congo*. Étude critique par Dominique Traoré Klognimban. 2013.

Daniel Maximin, *L'Isolé Soleil*. Étude critique par Cyrille François. 2013.

Mouloud Mammeri, *L'opium et le bâton*. Étude critique par Hervé Sanson. 2013.

Ahmadou Kourouma, *Allah n'est pas obligé*. Étude critique par Sélom Gbanou. 2013.

Assia Djebar, *Les Alouettes naïves*. Étude critique par Diana Labontu-Astier. 2014.

Tierno Monénembo, *L'aîné des orphelins*. Étude critique par Amina Bekkat. 2014.

Wajdi Mouawad, *Incendies*. Étude critique par Françoise Coissard. 2014.

Azouz Begag, *Le Gone du Chaâba*. Étude critique par Pierre-Louis Fort. 2014.

Nathacha Appanah, *Le dernier frère*.Étude critique par Dominique Ranaivoson. 2014.

Axel Gauvin, *Faims d'enfance*. Étude critique par Martine Mathieu-Job. 2014.

Sembène, Ousmane, *Les Bouts de bois de Dieu*. Étude critique par Bouba Tabti-Mohammedi. 2014.

Abdourahman A. Waberi, *Balbala*. Étude critique par Marie-Françoise Chitour. 2014.

Aimé Césaire, Cahier d'un retour au pays natal. Étude critique par Cyrille François. 2015.

Tahar Ben Jelloun, *L'enfant de sable*. Étude critique par Denise Brahimi. 2015.

Mohammed Dib, *L'Incendie*. Étude critique par Afifa Bererhi. 2015.

Léopold Sédar Senghor, *Poésie*. Étude critique par Papa Samba Diop. 2015.

Denise Brahimi

TAHAR BEN JELLOUN

L'enfant de sable

Étude critique

HONORÉ CHAMPION
PARIS — 2015

Conception graphique de la couverture :
Francine Heral

ISBN: 978-2-7453-2923-3

TAHAR BEN JELLOUN ET LE MAROC EN 1985

C'est avec *L'enfant de sable* que Tahar Ben Jelloun obtient, en 1985, un grand succès populaire et une reconnaissance de sa qualité d'écrivain. Ce succès devient encore plus éclatant deux ans plus tard lorsqu'il obtient le prix Goncourt pour *La Nuit sacrée* qui est une suite de *L'enfant de sable*, même si les deux livres peuvent être lus séparément. D'ailleurs il semble que le prix Goncourt ait bien autant couronné le premier que le second.

A cette date, Tahar Ben Jelloun n'est plus un débutant dans le métier d'écrivain et d'ailleurs il n'est plus un jeune homme puisqu'il a déjà quarante et un ans. Il est reconnu comme un écrivain marocain de langue française, en ce sens que ses livres précédents ont tous porté sur le Maroc et les réalités marocaines. Cependant il est un peu difficile de le considérer comme un spécialiste des questions sociologiques et politiques dans son pays d'origine, tant est grande la part qu'il fait à la poésie, la sienne et celle des autres.

En 1985, Tahar Ben Jelloun vit en France depuis quatorze ans déjà, ayant quitté le Maroc en 1971. A la différence d'autres écrivains ses compatriotes et éventuellement ses amis, il n'est pas parti pour des raisons politiques et par exemple pour échapper à la redoutable police du Roi de l'époque, Hassan II. Il a expliqué lui-même qu'il est parti au moment où l'enseignement de la philosophie, qui était son métier, a été arabisé par le gouvernement marocain. Cette information nous permet de comprendre ce que signifie dans son cas le fait d'être un écrivain francophone ; il écrit en français mais on peut certainement le considérer comme bilingue, connaissant à la fois le français et l'arabe. Et d'ailleurs c'est une école primaire bilingue qu'il a d'abord fréquenté à Fès, ville de sa naissance, avant d'aller au lycée français de Tanger, jusqu'à l'âge de dix-huit ans. Pour être aussi précis que possible, il faudrait sans doute dire que c'est un écrivain marocain francophone qui maîtrise parfaitement une double culture occidentale et arabe.

L'œuvre de T. Ben Jelloun déborde largement le domaine franco-marocain : ses deux romans *L'enfant de sable* et *La Nuit sacrée*, ont été traduits en quarante-trois langues ! Incontestablement, les questions qu'on peut se poser concernant *L'enfant de sable* portent sur les raisons d'un tel succès. Relativement bref, le récit cherche d'emblée à piquer l'intérêt du lecteur, comme le suggère un regard sur les titres des dix-neuf chapitres qui apparaissent à la table des matières et qui sont souvent intrigants voire énigmatiques : *Le conteur dévoré par ses phrases, L'homme aux seins de femme, Le troubadour aveugle...* (211) pour ne citer que ces trois exemples. Ils sont caractéristiques d'un ton très singulier qui exerce sa séduction sur le lecteur.

Cependant il est clair, dès une première lecture même rapide de *L'enfant de sable,* que des titres comme ceux-ci donnent des indications sur les thèmes et aspects essentiels du récit. Pour reprendre certains de ces termes dans l'ordre où ils sont apparus, il est évident que le mot *conteur* est une véritable clef pour comprendre l'intention de l'auteur qui est de jouer sur le charme de l'oralité. Dans ce livre très écrit et qui convoque la présence de nombreux autres textes et écrivains, Tahar Ben Jelloun a voulu aussi rendre hommage à des maîtres inimitables lorsqu'il s'agit de jouer avec des mots sur l'imagination du public : les conteurs de son pays et notamment ceux qu'on peut entendre sur la célèbre place Djama el Fna à Marrakech. Il y a dans *L'enfant de sable* non pas un mais de nombreux conteurs, dont chacun tient à présenter sa propre version de l'histoire en cours, prenant sans vergogne le risque de contredire celui qui l'a précédé et maîtrisant si bien son auditoire qu'il peut le conduire absolument où il veut.

Un titre comme *L'homme aux seins de femme* nous entraîne dans un registre qui a certes en commun avec le précédent son aspect picaresque, d'origine populaire puisque lié au cirque et aux baraques foraines. L'attrait pour les monstres humains qu'on y présente parfois au public est d'autant plus grand lorsqu'il s'agit d'une déviation par rapport à la norme sexuelle. Un titre de cette sorte est évidemment prometteur et titille l'auditoire, sans être pour autant obscène, à peine un peu salace.

Le troubadour aveugle introduit le lecteur dans un tout autre ton et ensemble de références, quoique sans rupture apparente puisqu'avec le *troubadour* il s'agit toujours de poésie et de poète ambulant comme on en connaissait au Moyen-Âge, avant que la modernité ne consacre le triomphe de l'écrit sur l'oral. Tradition qui remonte à dire vrai bien avant le Moyen-Âge puisque c'est ainsi qu'on nous décrit Homère, selon la légende évidemment, où il apparaît comme un sublime aveugle qui, comme le Tirésias de Sophocle, voit plus clair que les autres grâce à sa vision intérieure. En fait il apparaît que dans le roman de Tahar Ben Jelloun, ce n'est pas d'Homère qu'il s'agit mais d'un autre écrivain encore vivant (quoique pour un an à peine) au moment où l'auteur en fait un des personnages de *L'enfant de sable,* par admiration pour ses étonnantes inventions littéraires et par une sorte de filiation choisie, Jorge Luis Borges pouvant aisément être une sorte d'image du père pour son disciple marocain puisque né quarante-cinq ans avant lui. Cette naissance ayant eu lieu à Buenos Aires, Tahar Ben Jelloun se plaît à passer de cette ville à Marrakech, et à les confondre par une sorte de glissement de l'une à l'autre.

Il est tout à fait évident que le titre *L'enfant de sable* est un emprunt fait par le Marocain à son maître, qui en 1975 a publié *Le Livre de sable,* paru en France en 1978 et intégré ensuite dans le recueil *Fictions* qui est sans doute la plus connue des œuvres de J.L Borges du moins en France. Et il s'agit d'un emprunt que l'on peut dire justifié par la thématique des deux livres, en ce sens qu'ils utilisent le mot sable à peu près dans le même sens métaphorique, dont on reparlera à propos du titre de Tahar Ben Jelloun. Comme le sable, le livre écrit par chacun de ces deux auteurs est en droit infini, le sable n'ayant ni commencement ni fin ; et dans les deux cas aussi il s'agit d'un livre qui exerce une sorte de fascination d'autant plus grande qu'on ne parvient pas à en percer les mystères. Les lecteurs y perdent les traces qui leur sont d'abord indiquées mais qui bientôt disparaissent comme des empreintes dans l'inconsistance du sable.

Sans aucun doute T. Ben Jelloun est sous l'influence de J.L Borges quand il écrit son livre, mais cette présence, ou ce modèle, est aussi un moyen de *déréaliser* de plus en plus la matière de son livre. Incontestablement, il ne veut pas que celui-ci soit assimilé à une étude sur la différence des sexes ou le statut de la femme au Maroc, même si ces sujets tiennent une grande place dans ce qu'on pourrait appeler l'intrigue initiale du récit, l'histoire d'une fille qui est née dans une famille marocaine où le père a décidé qu'elle serait un garçon, sous le nom de Ahmed, sorte de supercherie qui parvient à s'imposer à tout l'entourage et pour ainsi dire au personnage lui-même. Le choix de ce sujet est évidemment lié à une préoccupation de l'écrivain, qui parmi tant d'injustices sévissant au cœur de sa société, veut dénoncer l'infériorité voire le mépris dans lequel les femmes y sont tenues. Cependant le premier moyen de transformer cette préoccupation d'ordre sociologique et social en littérature consiste à lui donner la forme d'un conte, tant il est vrai que ce genre littéraire est celui où l'on trouve le plus fréquemment des filles déguisées en hommes, et vivant de cette manière toute sorte d'aventures interdites au genre féminin. Dans la réalité historique et littéraire, on peut penser au cas d'Isabelle Eberhardt qui, au début des années 1900, a pu parcourir à sa guise le Sahara sud-algérien en se faisant passer pour un homme.

Même s'il rappelle les avantages dont disposent les hommes de son pays, T. Ben Jelloun est loin de donner une vision euphorique ni même tout simplement plaisante de la façon dont Ahmed vit la transformation qu'on lui a imposée. Bien au contraire, cette supercherie et ce mensonge ont des conséquences très graves voire tragiques sur l'équilibre mental de cet être auquel aucune appartenance sexuelle ne peut plus être assignée. C'est donc aussi l'histoire d'une impossible conquête de l'identité personnelle que le livre raconte ou évoque. Le monde réel sert de décor à une quête de soi à la fois physique et métaphysique, et c'est souvent par le recours à un style poétique que l'auteur parvient à l'exprimer.

NB – Les citations faites de l'œuvre étudiée, *L'enfant de sable*, sont suivies de la page dans l'édition du Seuil, collection Points. Pour les autres références, elles sont réduites à l'essentiel à la suite de la citation en texte avec : nom de l'auteur, date de publication, numéro de page. Ces informations permettent de retrouver la référence complète en bibliographie.

CHAPITRE I

LES DEUX SOURCES DE LA CULTURE MAROCAINE

En 1985, T. Ben Jelloun est encore très proche de son origine marocaine, même s'il vit en France depuis 1971. Il est conscient d'appartenir au vaste ensemble des écrivains francophones, qui écrivent en français mais sont imprégnés d'une autre civilisation que la française. A la différence d'autres écrivains maghrébins, surtout algériens, il ne vit pas cette dualité comme un déchirement. Bien au contraire, il assume totalement son rôle de passeur entre la civilisation arabe, surtout maghrébine et la civilisation dite occidentale ou européenne.

Une vocation d'écrivain

Tahar Ben Jelloun, né à Fès, dans le nord du Maroc, passe ses onze premières années dans cette ville qui est traditionnelle et bourgeoise. Puis en 1955, ses parents émigrent à Tanger et c'est là qu'il vit son adolescence lycéenne, suivant un enseignement majoritairement francophone. Ville très différente de Fès, Tanger est un lieu international, où passent et se rencontrent de nombreux écrivains venus de différents pays, et notamment du monde occidental, Amérique ou Europe. Tahar Ben Jelloun s'y trouve plongé dans la diversité sociale et culturelle. Par ces deux villes auxquelles il se sent appartenir, il est très tôt placé en situation interculturelle.

Après Tanger, il part à Rabat, capitale du Maroc, pour y faire des études universitaires en philosophie. Il se trouve qu'à cette époque, et plus précisément en mars 1955, Rabat, comme d'autres grandes villes marocaines telles que Casablanca, connaît des manifestations d'étudiants et de lycéens qui sont brutalement réprimées part la police du Roi Hassan II. C'est un spectacle violent voire terrible auquel il est fait allusion dans *L'enfant de sable*.

Devenu enseignant de philosophie, T.Ben Jelloun exerce d'abord à Tétouan, en 1968 (il a vingt-quatre ans) puis à Casablanca, ville plus importante et plus active intellectuellement. Dès cette époque il commence à écrire, surtout de la poésie. Son recueil *Hommes sous linceul de silence* paraît à Casablanca en 1971.

Cette même année, Tahar Ben Jelloun vient à Paris, nanti d'une bourse, pour y faire des études de psychiatrie sociale. Cette partie de la médecine étudie les maladies psychiques dues à l'environnement. Il se consacre tout particulièrement aux troubles provoqués par leur situation d'émigrés sur les travailleurs marocains qui vivent en France. De sa thèse de doctorat consacrée à la misère sexuelle des émigrés, il tire un ouvrage publié en 1977, *La plus haute des solitudes.*

Pendant le même temps, T. Ben Jelloun confirme sa vocation d'écrivain en plusieurs directions. D'une part il publie des romans comme *Harrouda* (1973) ou *La Réclusion solitaire* (1973). Ces deux titres le montrent partagé entre les souvenirs de sa vie marocaine et les réalités de sa vie en France. D'autre part il vit un engagement politique intense pour la cause des Palestiniens, aux moments les plus difficiles du conflit israélo-palestinien. Cet engagement s'exprime dans des recueils poétiques comme *Le Discours du chameau* (1974) ou *Les Amandiers sont morts de leurs blessures* (1976). Il y rend hommage au poète palestinien Mahmoud Darwich.

Par ailleurs il travaille à faire communiquer les deux domaines littéraires et linguistiques de son pays qui est bilingue. C'est dans cet esprit qu'il publie *La Mémoire future*, une anthologie de la nouvelle poésie marocaine comportant aussi bien des auteurs de langue arabe que de langue française. Et il traduit de l'arabe en français *Le Pain nu*, récit autobiographique de l'un de ses compatriotes marocains, Mohammed Choukri.

Enfin il est journaliste et s'efforce, par ses comptes-rendus au journal *Le Monde*, de faire connaître au public français des auteurs du monde arabe.

Tahar Ben Jelloun est déjà un auteur connu mais sous la rubrique « écrivain maghrébin de langue française », lorsque *L'enfant de sable* lui vaut un très grand succès public, en France et à l'étranger. Sa notoriété grandit encore lorsqu'il obtient en 1987 le Prix Goncourt, le plus grand des prix littéraires français, pour *La Nuit sacrée*.

Désormais Tahar Ben Jelloun vit en France mais en gardant des contacts constants avec son pays et le monde arabe. La mort de son père lui est l'occasion de revenir sur cette image paternelle dont il était déjà question dans *L'enfant de sable*. Il le fait en 1990 dans *Jour de silence à Tanger*, dédié à son père, qui meurt un an plus tard.

Le sort des femmes marocaines continue à le préoccuper et c'est un sujet qu'il aborde à nouveau dans *Les Yeux baissés* (1991). Cette même année il consacre un poème bilingue aux victimes de la guerre du Golfe, confirmant par là ses préoccupations politiques à l'échelon mondial, à partir des avatars que subit le monde arabe et des avanies qui lui sont infligées.

Cependant il garde au cœur le sort de ses compatriotes et de son pays natal. La corruption qui règne plus que jamais au Maroc est le point de départ de sa réflexion dans un roman qui paraît en 1994, *L'homme rompu*. L'une de ses originalités est de prôner l'amitié, dans un monde où selon la formule connue (du philosophe Thomas Hobbes), l'homme est un loup pour l'homme. C'est en ce sens qu'il écrit, en cette même année 1994, un récit intitulé *La Soudure fraternelle*.

Au-delà de sa double appartenance au Maroc et à la France, Tahar Ben Jelloun élargit sa dimension européenne en y intégrant l'Italie. Il travaille pour un journal de ce pays et fait notamment des reportages sur la MAFIA. Il est fasciné par la ville de Naples à laquelle il consacre deux ouvrages, *L'Ange aveugle* (1992) et *L'Auberge des pauvres* (1999). Mais il est victime d'une escroquerie de la part d'un éditeur italien à cause duquel il doit subir un douloureux procès.

Tahar Ben Jelloun a toujours été préoccupé par la qualité des relations humaines, dont le racisme est l'ennemi. Sur ce thème il publie en 1998 un petit livre très pédagogique intitulé, *Le Racisme expliqué à ma fille*. Mais c'est surtout après le 11 septembre 2001 qu'il tente d'expliquer ce qu'il en est de l'islam pour éviter qu'on ne le confonde avec le terrorisme. En cela on peut dire qu'il est fidèle à une conception qui s'exprimait déjà dans *L'enfant de sable,* par exemple dans son utilisation du mythe andalou comme exemple de tolérance et de haute spiritualité.

Autre forme de sa fidélité aux préoccupations qui s'exprimaient dans ce livre : T.Ben Jelloun revient en l'an 2000 sur les persécutions infligées à son peuple par le pouvoir du Roi Hassan II. Le livre s'intitule, *Cette aveuglante absence de lumière.*

On ne suivra pas le parcours de l'écrivain au-delà du XXe siècle, sinon pour dire qu'il continue à s'inscrire dans les thématiques de *L'enfant de sable.*

Tahar Ben Jelloun, qui est traduit en de nombreuses langues, a réussi à faire connaître la littérature maghrébine dans le monde entier, notamment par sa collaboration à des journaux de plusieurs pays. Sa notoriété littéraire lui vaut d'être élu à l'Académie Goncourt en 2008 ; ses préoccupations humanistes font de lui un défenseur des droits de l'homme.

L'enfant de sable comme aboutissement d'un parcours d'écrivain

Pour cerner plus précisément *L'enfant de sable* en tant qu'œuvre littéraire on peut tenter de voir ce qu'il en est de l'œuvre romanesque de l'auteur avant ce livre, c'est-à-dire dans ses cinq premiers romans.

Il y a une grande continuité dans l'écriture et la thématique des premiers romans de Tahar Ben Jelloun. L'écriture en est plus poétique que réaliste et elle s'efforce d'intégrer le style oral des conteurs. *A posteriori* on a l'impression qu'ils préparent *L'enfant de sable* et y conduisent comme à leur aboutissement, après un parcours d'une dizaine d'années.

Harrouda, paru chez Denoël en 1973, porte pour titre le nom d'une femme mythique à la fois ogresse, sorcière, prostituée, et dont on peut dire que comme le personnage principal de *L'enfant de sable* elle est à la fois multiforme et changeante. Elle est liée à la sexualité, notamment au désir sexuel dès qu'il s'éveille chez les jeunes garçons. La première phrase du livre (celle qu'on appelle parfois son *incipit*) est celle-ci : « Voir un sexe fut la préoccupation de notre enfance ». La sexualité est liée au corps, elle en est une des manifestations. La première partie du livre, qui en comprend cinq, s'intitule : *FASS : lecture dans le corps.*

Fass est la transcription du nom arabe de la ville de Fès. Tahar Ben Jelloun qui connaît la langue arabe comme la française, aime faire sentir la présence de la première au cœur de la seconde. Le deuxième chapitre de *Harrouda* est un *Entretien avec ma mère* au cours duquel la mère, prenant pour une fois la parole, parle longuement de ce qu'a été sa vie, en réponse à la demande de son fils. A travers sa propre histoire, elle évoque ce qu'il en est de la vie des femmes marocaines et maghrébines en général. On trouvera une description assez comparable de ce mode de vie traditionnel des femmes en la personne de la mère dans *L'enfant de sable.* Mais les pages consacrées par *Harrouda* à cette tare des sociétés arabo-musulmanes restent un modèle par l'indignation, l'émotion et la compassion qui s'en dégagent. On trouve d'ailleurs dans la littérature marocaine d'autres témoignages convergents, par exemple dans le roman de Driss Chraïbi, *Le Passé simple* (1954).

On pourrait définir *Harrouda* comme un roman-poème et ajouter un troisième terme, celui de conte, auquel il est fait clairement allusion dans les dernières pages du livre. Tahar Ben Jelloun y écrit en effet que son personnage, qui souvent s'absente, « a surgi entre deux phrases, au milieu du discours de l'homme-maître de la halqa (cercle qui se ferme autour du conteur) » (TBJ, 1973 : 180) ; et quelques lignes plus loin, il ajoute que ce récitant de la halqa est un *mystique*. Le personnage du conteur, démultiplié en plusieurs représentants, va prendre une importance considérable dans *L'enfant de sable,* qui est supposé être un conte ou une succession de contes, prononcé pour un auditoire faisant cercle sur la place publique.

La Réclusion solitaire, paru chez Denoël en 1976, est un récit romanesque dont l'auteur, employant encore l'un de ses mots favoris, dit qu'il est un « "corps" travesti ».

On y voit apparaître dès le début, dans une sorte d'exergue, le mot *sable,* manifestement pris à un sens symbolique comme il le sera dans le titre de *L'enfant de sable* : « Il n'y a pas lieu d'être optimiste ou pessimiste. /Mais il y a un territoire où on vous dépose comme un sac de sable/ du sable fin/ mêlé de cristaux de sel et de désespoir/ Alors, les mots... » (TBJ, 1976 : 9)

Ce roman est issu, comme une rêverie faisant une grande place à l'imaginaire, d'un travail de psychiatrie sociale fait par Tahar Ben Jelloun pendant ses études universitaires et publié l'année suivante en forme d'essai aux éditions du Seuil sous le titre, *La plus haute des solitudes.* On remarque que les deux titres ont en commun cette idée de solitude, très présente dans *L'enfant de sable* ; le personnage sera pendant une partie de sa vie un reclus (ou une recluse) volontaire, et de ce fait voué à la plus grande solitude, même au-delà de ce temps de réclusion. Les raisons en sont un peu comparables à celles qui sont analysées dans l'essai et qui concernent, comme dit le sous-titre, la *Misère affective et sexuelle d'émigrés nord-africains.* L'enfant de sable vit au Maroc et ne connaît pas les difficultés propres aux travailleurs de l'émigration. Mais il n'en est pas moins voué à la misère et à la frustration sexuelles, pour une raison inhérente au sujet du livre tel que l'a imaginé Tahar Ben Jelloun.

Moha le fou, Moha le sage, paru en 1978 aux éditions du Seuil, est très proche, dans sa forme au moins, de *L'enfant de sable,* puisque Moha est un personnage qui déclame sur la place publique et y dévoile certains secrets bien cachés au sein des familles. C'est un parleur subversif qui du fait qu'on le tient pour fou peut exprimer librement des critiques sévères à l'égard de la société marocaine. Ses propos font apparaître que celle-ci enferme les plus faibles (le plus souvent des enfants et des femmes) dans le silence et les soumet à l'humiliation. La critique sociale que comporte ce livre est assez féroce bien qu'il n'y soit pas question d'un projet directement politique et révolutionnaire. On en retrouve des traces dans *L'enfant de sable,* portant toujours à peu près sur les mêmes sujets : répression policière, emprisonnement des manifestants, écart inconcevable entre les nantis et les pauvres, écrasement des femmes réduites à l'état de servitude.

Cependant l'écriture de Tahar Ben Jelloun est le plus souvent poétique, et la narration, très libre, prend des formes extrêmement diverses. Comme le sera *L'enfant de sable*, ce livre est écrit contre l'idée d'un récit linéaire, qui conduirait le lecteur selon l'ordre chronologique vers son dénouement. Huit ans vont encore passer avant 1985 et pourtant on a le sentiment que tout est prêt pour que l'auteur écrive le livre qui lui vaudra son plus grand succès.

La Prière de l'absent, paru aux éditions du Seuil en 1981, nous fait à nouveau entendre la voix d'un conteur. Il y est à la fois question de livre, d'un livre qu'il faudrait identifier à la vie même de son personnage, et de récit purement oral, adressé à des gens très simples qui ne savent ni lire ni écrire. Tahar Ben Jelloun rejoint ces deux termes, livre et conte, à propos d'un enfant qui n'est pas encore l'enfant de sable mais qui pourrait l'être tant ce qui nous est dit lui convient :

« Le livre avec des pages blanches, encore intactes, c'est cet enfant. Il est l'histoire que nous vivons déjà. Ce qui nous arrive est tellement extraordinaire qu'il faut qu'il parvienne – bien après notre mort – à un conteur, quelqu'un qui pourra l'écrire et le raconter aux générations futures ! » (TBJ, 1981 : 57)

À l'idée que l'histoire d'un être humain est un livre, dont les pages sont parfois effacées, emportées ou perdues, s'ajoute le constat que ce livre qui est nous-même nous apparaît toujours comme inachevé. C'est ce que dit Sindibad, l'un des personnages de *La Prière de l'absent :*

« Je suis un livre, j'ai été lu une seule et unique fois et ce fut la seule et unique qui m'importât. Je suis le manuscrit perdu, égaré entre la nuit et l'aube. Un livre mal fermé. De temps en temps des pages sont emportées par le vent et tombent sous les yeux des lecteurs eux-mêmes égarés. Parfois elles arrivent jusqu'à moi, là, sous mes yeux. Je ne fais que les lire sans savoir pourquoi je m'absente et pourquoi je suis pris par leurs phrases. Je suis certain d'une chose à présent : si je suis un livre, je suis un livre inachevé ! » (TBJ, 1981 : 104)

Ces propos de nature poétique et allégorique sont au fondement même de *L'enfant de sable*, qui nous est présenté comme un conte lu dans un livre par le conteur mais voué à rester inachevé dans la mesure où des pages ont été effacées irrémédiablement. Cette notion d'inachèvement peut expliquer que Tahar Ben Jelloun soit revenu sur le sujet de *L'enfant de sable* dans *La Nuit sacrée,* pour suggérer néanmoins la possibilité d'une fin.

D'ailleurs, c'est au début de *La Prière de l'absent* qu'on trouve l'explication la plus claire du titre *L'enfant de sable.* Le sable y est présenté comme le symbole d'un effritement toujours possible, qui entraîne une dissolution dans le néant. Le héros dit qu'il a peur « de devenir cet être de sable, ballotté par les vents et retenu par les touffes d'herbe sauvage sur les dunes » (TBJ, 1981 : 12).

Il y a aussi dans *La Prière de l'absent* la présence d'un enfant, dont la désignation par ce mot a l'avantage d'être neutre : le mot *enfant* ne dit pas s'il s'agit d'un garçon ou d'une fille ; cette indécision ou ambiguïté sexuelle est au cœur du problème abordé dans *L'enfant de sable*, quatre ans plus tard.

L'écrivain public, paru en 1983 aux éditions du Seuil, est une sorte de confession et de profession de foi concernant le travail de l'écrivain. Celui-ci est de l'ordre du mensonge et de la fabulation, ce qui s'explique par le fait qu'il est très difficile voire insupportable de se voir tel qu'on est dans un miroir, et que l'écrivain est un homme encombré par son visage dont il voudrait se débarrasser. Vérité, visage, miroir, se retrouveront dans *L'enfant de sable. L'écrivain public* est plus près de l'autobiographie, mais le narrateur avoue y avoir cédé aussi à son goût irrépressible pour l'affabulation. Tahar Ben Jelloun est de ceux qui pensent qu'on écrit pour raconter des histoires, pour se donner le plaisir de les inventer et de les faire partager aux autres.

Cette grande importance accordée à l'imagination et au plaisir du conte fait qu'à la différence d'autres auteurs maghrébins, Tahar Ben Jelloun n'écrit pas ou pas seulement une œuvre à tendance sociologique destinée à faire connaître la société de son pays. Il nous en dit beaucoup là-dessus mais à travers les méandres poétiques de son récit.

On trouve en tout cas dans *L'écrivain public* l'origine et l'explication d'une attitude qui apparaît en pleine force dans *L'enfant de sable* : c'est un mélange d'hostilité à l'égard du père, traité fort durement, et de compassion à l'égard de la mère qui n'a jamais connu la tendresse de son mari.

On y voit aussi l'importance, pour les adolescents solitaires et brimés, d'utiliser un cahier pour y écrire leur journal, dépositaire de leur secret. Mais cette source personnelle de l'écriture est montrée comme insuffisante, elle doit être complétée par un contact entre le jeune homme solitaire et la foule qui lui dit : « Nous ne savons pas lire. Nous ne savons pas écrire. Mais nous savons tellement de choses » (TBJ, 1983 : 173).

Après quoi cette foule l'invite à s'asseoir et à écouter, tant il est vrai qu'il a beaucoup à entendre et à apprendre. Et c'est là qu'il découvre la seconde source de l'imagination créatrice. Le livre et le conte vont désormais le posséder également et il passera de l'un à l'autre dans la narration de *L'enfant de sable.* Le succès de ce livre est d'être explicitement nourri à ces deux sources, réunies dans une entreprise exceptionnelle.

L'oralité et l'écriture : un entrecroisement constant

L'enfant de sable pique l'intérêt du lecteur par une sorte de paradoxe qui lui est inhérent. C'est un livre, qui appartient de ce fait au registre de l'écriture et qui renvoie constamment à d'autres livres, édités sous le nom d'auteurs connus ou manuscrits d'autant plus précieux qu'ils sont toujours menacés de disparition. L'écriture elle-même, en tant qu'ensemble de lettres et de mots, est souvent évoquée dans sa matérialité, et il apparaît que l'auteur est très séduit par la calligraphie arabe, d'ailleurs célèbre par sa qualité et sa beauté.

Pourtant nous sommes plongés par ce livre dans le monde de l'oralité, c'est-à-dire celui des conteurs qui subjuguent l'auditoire par leur seule parole, même lorsqu'ils font mine d'en avoir trouvé la matière dans quelque manuscrit. Ces conteurs, comme on le verra, font partie des personnages du livre, car leurs récits sont marqués par leur personnalité, leurs mouvements dans l'espace, apparition et disparition, leurs rapports au public qui les écoute et qu'ils ont un plaisir malin à manipuler. *L'enfant de sable* se présente donc comme un entrecroisement entre la double présence du conte oral et du récit écrit.

L'histoire du personnage principal, telle qu'on peut la suivre de chapitre en chapitre, nous est connue par l'intermédiaire des conteurs. Leur personnalité et les circonstances dans lesquelles ils prennent la parole (lieux, moments) sont un aspect important du livre, qui se veut un hommage à une pratique bien connue des Marocains. Il y a certes un conteur principal mais aussi plusieurs autres qui à des moments divers se substituent à lui, surtout dans la deuxième partie du roman.

Le conteur principal apparaît au cœur du premier chapitre, après une présentation de l'Homme qui est encore Ahmed même s'il est destiné à devenir ou à redevenir Zahra. Et c'est encore lui qui prononcera la dernière phrase du livre : « Je m'en vais lire le Coran sur la tombe des morts ! » (209). C'est un personnage très présent dans le roman, on l'y trouve continûment jusqu'au chapitre 6 au cours duquel il se fait évincer provisoirement. Dès les dernières lignes de ce même chapitre, il réapparaît, à la demande de celui qui l'a supplanté et qui lui dit : « Excuse mes gestes d'impatience [...] Approche-toi ; viens plus près de moi. Tu pourras intervenir dans cette histoire » (71).

Il intervient en effet au cours du chapitre 8 et reprend la parole. On remarque à ce moment que lui seul est désigné comme le conteur : « A ce moment-là intervint le conteur qui, avec un sourire, dit : Oui, ami, je sais cette histoire aussi. Elle est arrivée il y a cent ans peut-être » (84).

Il apparaît donc qu'être conteur est un métier. Ceux qui à un moment ou à un autre prennent la parole ne sont pas des professionnels comme lui mais des conteurs occasionnels. Ils reconnaissent leur infériorité à son égard. Salem par exemple dit : « Je n'ai pas son art ».

Le conteur principal tient son public en main, non sans constater parfois une certaine désaffection. C'est ainsi qu'au début du chapitre 10, il remarque que son auditoire n'est pas nombreux. Il fait contre mauvaise fortune bon cœur : « Compagnons fidèles ! Vous n'êtes pas nombreux à suivre avec moi l'histoire de cet homme ; mais qu'importe le nombre » (107). Et il tente d'en profiter pour resserrer les liens avec les gens présents, dans une plus grande complicité.

Tahar Ben Jelloun est fasciné par la liberté dont disposent les conteurs, bien plus grande que celle des écrivains. Lorsque commence le chapitre 14, il imagine qu'il y a eu entre ce début et la fin du chapitre 13 une longue interruption, due à l'absence du conteur, disparu sans explication : « Cela fait huit mois et vingt-quatre jours que le conteur a disparu. Ceux qui venaient l'écouter ont renoncé à l'attendre. Ils se sont dispersés depuis que le fil de cette histoire qui les réunissait s'est rompu » (135).

On croit même comprendre peu après que c'est d'une interruption définitive qu'il s'agit puisque : « Le conteur est mort de tristesse. On a trouvé son corps près d'une source d'eau tarie. Il serrait contre sa poitrine un livre, le manuscrit trouvé à Marrakech et qui était le journal intime d'Ahmed-Zahra » (136).

Mais à l'image du conteur qu'il aimerait être, l'écrivain use ici de ce qui s'avérera être un leurre. Toute une partie de sa démarche consiste à mimer dans son livre des procédés qui viennent de la littérature orale, et notamment les fausses annonces.

A partir du chapitre 14 on voit apparaître une série de conteurs secondaires et occasionnels qui se substituent au précédent. Mais pour finir, au chapitre 19, le dernier du livre, on assiste à la réapparition du conteur principal qu'on croyait mort. D'après lui, il ne s'agissait en fait que d'une longue absence : « J'étais parti, chassé de la grande place. J'ai marché longtemps dans les plaines et les siècles » (201).

Ce retour ne peut pas être une reprise du conte car les pages du cahier sont vides, effacées par la lumière de la lune : c'est du moins l'explication poétique qu'il en donne. Il en ajoute cependant une autre : tous ses personnages sont morts. Le conteur se sent désormais maudit, il n'a plus de succès. De plus il s'imagine que les personnages auxquels il a prêté vie par ses paroles viennent le poursuivre et l'agresser. Retraçant tout son parcours, il remonte par la pensée jusqu'à l'époque où le cahier dont il a tiré un si grand parti lui a été confié. Ce cahier a en fait été écrit par un certain Bey Ahmed, dont l'histoire est semblable à celle d'Ahmed-Zahra, le personnage principal que nous connaissons depuis le premier chapitre de cette histoire. C'est la nièce du Bey qui a recueilli le cahier et l'a donné au conteur, plutôt qu'à n'importe quel autre de sa profession. Il rapporte les paroles flatteuses qu'elle lui aurait alors adressées : « Je les ai tous écoutés, seul vous seriez capable de raconter l'histoire de mon oncle qui était en fait ma tante. Et il a fait ce travail de son mieux » (207).

Mais maintenant le conteur a tout oublié. Il renonce au conte pour se consacrer à la prière. Et c'est ainsi que l'écrivain Tahar Ben Jelloun trouve une fin pour ce récit qui pourrait n'en jamais avoir ; d'autant que des conteurs occasionnels sont toujours susceptibles de se substituer au conteur principal, le supposé romancier faisant ainsi apparaître des personnages qui n'ont pas d'autre raison d'être dans l'histoire d'Ahmed. Le fort contexte d'oralité encore présent au Maroc donne à Tahar Ben Jelloun une liberté que se refuseraient ses confrères français par exemple, habitués à des normes romanesques propres au monde de l'écriture.

On peut en prendre pour exemple l'apparition du frère de Fatima au chapitre 6, un personnage inconnu dont ce sera la seule mention. Pendant que le conteur principal est plongé dans la lecture du cahier, il dit à l'assistance :

> « Cet homme vous cache la vérité. Il a peur de tout vous dire. Cette histoire, c'est moi qui la lui ai racontée [...] Je suis de la famille. Je suis le frère de Fatima, la femme d'Ahmed, enfin celle qui joua le rôle de l'épouse, mais une épouse qui se laissa entraîner dans le tourbillon d'une perversion trop compliquée pour nous, braves et bons musulmans » (67).

En tant que témoin des faits, il se déclare autorisé à raconter ce qu'il a vu et entendu. Pour pouvoir se substituer au conteur principal, il lui faut d'abord le discréditer : d'après lui ce serait un imposteur ; le cahier dans lequel il prétend lire est en fait un vieux Coran à bon marché, tandis qu'il est lui-même en possession du vrai cahier. On voit par là que le romancier Tahar Ben Jelloun agit un peu comme les conteurs auxquels il rend hommage. Il cherche lui aussi à soutenir l'intérêt en introduisant de la diversité non seulement dans les faits narrés mais dans la narration.

Par un procédé semblable, au début du chapitre 14, le conteur principal ayant depuis longtemps disparu, Salem, un Noir fils d'esclave ramené du Sénégal, décide de continuer le récit. Il le fait pour ses deux compagnons, Amar et Fatouma. Bien qu'il ne soit pas conteur professionnel, il s'en justifie au nom du fait qu'il *sait des choses* (137).

Ce savoir lui vient notamment du fait qu'il a vécu dans une famille semblable à celle d'Ahmed. Pour le reste il s'abandonne à son imagination et plus encore à ses fantasmes sexuels, comme le lui fera remarquer Amar. Son récit est si plein de violence et d'obscénité qu'il se fait accuser d'être menteur et pervers. C'est ainsi que le romancier a pu introduire brièvement une version triviale et sadique de son récit, alors que trois chapitres plus loin, avec le troubadour aveugle, il pourra satisfaire un lectorat épris de littérature raffinée et sophistiquée.

S'agissant de ce lectorat, Tahar Ben Jelloun s'amuse à le traiter comme le conteur le fait avec son auditoire. Selon la tradition marocaine, il le groupe autour de lui sur une grande place occupée par la foule. Il est assis sur une natte ou sur une peau de mouton, les jambes pliées en tailleur. Il transporte avec lui des plumes et des encriers dans un petit sac, ce qui pourrait vouloir dire qu'il fait aussi le métier d'écrivain public à l'occasion. Mais dans le roman, on le voit seulement faire usage d'un cartable qui contient le livre ou cahier dont il lit des pages au public.

L'auditoire formant un cercle étroit autour de lui, le conteur compare les liens qui les unissent à des fils par lesquels il tiendrait chaque membre de l'assistance attaché à lui. Mais il emploie aussi un terme plus abstrait pour désigner la force de ce lien. Il y a entre eux, dit-il, une sorte de pacte. Ce pacte implicite est aussi ce que le romancier voudrait introduire entre lui et ses lecteurs et il est probable qu'il regrette ce trait propre à l'oralité. Tant il est vrai que l'écrivain moderne est totalement privé de cette relation interactive et ignore à peu près tout des réactions qu'il provoque chez ses lecteurs.

A lire la description qu'il fait du monde de l'oralité, on devine à quel point T. Ben Jelloun en a la nostalgie. Dans ce pastiche de conte qu'est *L'enfant de sable*, les auditeurs interviennent librement et donnent leur avis s'ils le veulent lorsque le conteur fait une pause. Ils approuvent ou désapprouvent les affirmations du conteur et parfois ils tentent d'expliquer à leur manière tel ou tel point du récit. Au chapitre 4 on entend un auditeur revendiquer son âge pour donner plus de poids à son opinion. Beaucoup voudraient vérifier eux-mêmes dans le livre si le conteur leur dit la vérité. Mais le conteur ne se laisse pas impressionner par cette « rébellion », qui d'ailleurs prouve l'intérêt du public pour son récit.

Lorsqu'un nouveau venu prétend se substituer au conteur principal et démasquer son imposture, le public semble vouloir partir car il s'est attaché à cet homme dont il a suivi le récit pendant plus de cinq chapitres. Au bout d'un moment, le conteur principal s'assied parmi le public et écoute la lecture faite par celui qui a pris provisoirement sa place. Même un conteur peut avoir du plaisir à changer de rôle et à devenir auditeur lui aussi.

Le public est très réactif, se fâchant par exemple au moindre soupçon d'impiété chez le personnage du conte, par exemple lorsque celui-ci, d'après le conteur, a détourné un verset du Coran. Or Tahar Ben Jelloun, en tant que romancier, se montre souvent critique à l'égard de l'islam. Cet entrecroisement qu'il a choisi, entre l'oralité et l'écriture, lui permet de jouer sur les deux tableaux. Reste que ce jeu est tout relatif et qu'il appartient, qu'il le veuille ou non, au monde de l'écriture moderne. C'est une perte qui va de pair avec l'évolution des modes de vie, y compris au Maroc.

Au début du chapitre 14, on apprend que le conteur a disparu depuis huit mois et vingt-quatre jours. C'est l'occasion pour le romancier de nous décrire le lieu où le conteur rencontre son public dans la société marocaine traditionnelle. Mais il s'exprime sur le mode du regret et de la nostalgie puisqu'il imagine que ce lieu a disparu, expliquant ainsi le départ forcé et la mort du conteur. On peut donc dire que sa position est ambiguë car d'une part il fait revivre les charmes du conte oral et d'autre part il exprime son regret et sa nostalgie de le savoir à peu près disparu.

Le lieu de conte est ou était la place publique sur laquelle se tiennent également marchés et foires. Le modèle de ce genre de place se trouve encore aujourd'hui au sud du Maroc dans la ville de Marrakech : il s'agit de la place Djama el Fna. Tahar Ben Jelloun donne au début du chapitre 14 une description qui lui correspond parfaitement. Il fait une longue énumération de tout ce qu'on peut y voir, les charmeurs de serpents, les dresseurs d'ânes, les apprentis acrobates, les mendiants, les charlatans, les danseurs et funambules, les joueurs de flûte etc. L'attachement du romancier est manifeste pour une telle place, la vie qu'on y mène et le spectacle qu'on peut y voir. Sa description de ce qu'elle devient lorsqu'elle est modernisée « sous l'instigation de jeunes urbanistes technocrates » est pleine d'ironie. Sa manière de déplorer une telle transformation consiste à dire que le conteur en est mort de tristesse.

L'ambigüité de l'auteur apparaît au chapitre 15, dans le débat qui s'instaure entre Amar et Salem pour savoir en quoi consiste l'intérêt qu'ils trouvent eux-mêmes au conte. Salem trouve une explication dans le fait que ce conte reflète très bien la violence inhérente à la société marocaine. Mais Amar juge cette explication trop intellectuelle. C'est d'abord l'aspect énigmatique du conte qui l'a passionné, et aussi le fait qu'il s'agit d'une « histoire folle », qui pousse les situations jusqu'à leur limite extrême.

C'est surtout le troubadour aveugle qui, au chapitre 17, explique tout le plaisir qu'on peut tirer de l'affabulation.

Il dit que l'invention a pour effet principal et bénéfique de supprimer les contraintes de la réalité.

De tous ces plaisirs que peut donner la littérature, orale ou écrite, Tahar Ben Jelloun ne voudrait perdre aucun. Mais il y a une difficulté particulière pour l'écrivain à prétendre transcrire dans un roman le style oral du conte. On sait que la littérature populaire, pendant des siècles et même des millénaires, a été purement orale car elle s'adressait à un public qui ne savait pas lire. C'est encore le cas pour la majorité de l'assistance qui écoute le conteur dans *L'enfant de sable,* mais ce n'est évidemment pas le cas de ceux qui en 1985 lisent le récit.

Entre écrit et oralité et pour essayer de garder le plus possible de la seconde dans le premier, l'auteur du livre est amené à inventer tout un ensemble de procédés. On trouve dans les paroles du conteur ce qu'on appelle précisément les marques de l'oralité, c'est-à-dire un ensemble de traits caractéristiques de la parole, et qui la différencient de l'écriture. Ce sont des procédés par lesquels l'écrivain essaie de restituer le langage parlé dans son roman, c'est-à-dire dans un texte écrit.

L'apparition du conteur au premier chapitre se fait par l'intervention d'une question brève, qu'il semble poser à son auditoire. Celui-ci n'a évidemment pas la réponse, mais c'est un moyen d'attirer son attention ou de devancer ce qui se passe dans son esprit. Le conteur apparaît comme une sorte de berger totalement maître de son troupeau. Il le maintient en haleine aussi longtemps qu'il veut et arrête le conte au moment qui lui convient. C'est lui qui connaît les rythmes et le rituel ; à cet égard, le public lui est entièrement soumis.

Dès le début du chapitre 2, nous sommes capables de reconnaître la parole du conteur au fait qu'il interpelle son public par la formule « Amis du bien » (15).

Par cette formule rituelle, il l'entraîne avec lui dans l'aventure du récit. Le mot aventure est une image, mais le conteur fait comme s'il l'employait au sens propre. Il demande aux auditeurs de le considérer comme leur guide et de le suivre avec confiance à travers les péripéties du récit.

Cependant il lui faut périodiquement, et assez fréquemment, réactiver l'intérêt du public et éviter qu'il ne perde le fil de l'histoire, surtout lorsqu'il y a des digressions. C'est pourquoi il utilise un certain nombre d'expressions, pour souligner qu'il reprend ce fil : « Je vous disais donc » (25).

Il est probable que le moyen le plus efficace pour soutenir l'attention est le changement de ton. La rupture qui consiste à interrompre sa propre parole pour passer à la lecture du cahier fait partie de ces changements bienvenus. Le conteur les souligne à chaque fois : « Permettez que j'ouvre le livre et que je vous lise ce qu'il a écrit » (32). Après quoi, quelques pages plus loin, il souligne le mouvement inverse : « Je referme ici le livre » (39).

Ce qui lui permet de scander le passage du temps, aussi bien dans le déroulement du conte qui est sa parole vivante que dans la supposée vie de son personnage.

Les auditeurs ne doivent pas rester passifs. Le conteur leur donne le sentiment qu'ils sont liés à lui et partagent la même aventure. Ce sentiment de complicité est d'autant plus fort que l'aventure est insolite ou dangereuse, c'est pourquoi le conteur insiste sur cet aspect.

Le succès du conte passe par l'intimité et le partage. Le conteur s'adresse à ses auditeurs comme s'ils étaient de vieilles connaissances, et même comme s'ils avaient vécu ensemble les événements racontés. Après les avoir interpellés sous le nom flatteur d'*Amis du bien*, il multiplie les formules telles que *Mes amis,* ou *Mes compagnons.*

Lorsque le conteur est tout à fait sûr d'avoir gagné la fidélité de son public, ici au chapitre 4, il peut s'amuser à le provoquer un peu, en se montrant très énigmatique. Car il sait que tout le monde a envie de connaître la suite, et que sa manière de faire est frustrante pour les curieux. Mais c'est un jeu, pour le conteur, de calmer cette impatience et de ramener tout le monde à lui :

> « C'est le vent de la rébellion qui souffle ! Vous êtes libres de croire ou de ne pas croire cette histoire. Mais, en vous associant à ce récit, je voulais juste évaluer votre intérêt... La suite, je vais la lire... Elle est impressionnante. J'ouvre le livre, je tourne les pages blanches... Ecoutez ! » (43).

Un autre jeu consiste à laisser entendre que lui-même, le conteur, ne sait plus où il en est ni où va son conte. C'est un excellent moyen de donner l'impression que le personnage du conte est autonome et qu'il fait ce qu'il veut. Il feint d'être désemparé parce que son personnage lui échappe, ce qui ne peut manquer de susciter l'inquiétude du public et son émoi.

Par ailleurs c'est aussi un procédé utile pour le conteur que de se dire dépassé par les événements dont il tente de faire le récit. Car cela lui permet, à sa convenance, de ne pas remplir complètement le programme narratif qu'il avait annoncé. Grâce à de telles habiletés, il fait ce qui lui paraît le plus agréable ou le plus commode. Plaisante liberté que l'auditoire accepte bien volontiers.

La voix

Le moyen de transmission de la littérature orale est la voix, tandis que la littérature écrite se révèle au public par les yeux. *L'enfant de sable* fait une grande place à la voix, mais pas seulement parce qu'elle est le moyen de transmission du conte. La voix est physique, elle appartient au corps et le révèle ; elle révèle aussi plus largement la personnalité d'un individu. De plus, et l'on touche là à un thème important du livre, la voix permet généralement de deviner le sexe de la personne qui parle puisqu'on s'accorde à dire qu'il y a des voix masculines et des voix féminines ; mais elle peut aussi laisser dans l'incertitude à cet égard. D'ailleurs on a souvent du mal à reconnaître sa propre voix ou à se reconnaître en elle ; la voix est un élément important du doute que chacun peut avoir sur son identité.

Il apparaît donc qu'une des grandes habiletés de Tahar Ben Jelloun dans *L'enfant de sable* est d'avoir utilisé la voix à une double fin, à la fois comme référence constante à l'oralité et comme critère de différentiation des genres au sens sexué du mot, étant entendu que ce critère n'est pas toujours applicable, ce qui peut donner lieu à de nombreuses variations.

Le chapitre 4 décrit l'adolescence d'Ahmed. On sait que cet âge est celui où la voix des garçons subit une mutation importante. Ce pourrait donc être le moment où se révèle l'identité féminine du personnage. Pourtant il n'en est rien et Ahmed lui-même s'étonne qu'il n'en soit pas ainsi. Il semble qu'inconsciemment ou instinctivement, il se livre à tout un travail pour que sa voix ne le trahisse pas. Ce travail consiste à la maîtriser le plus possible et à éviter toutes les manifestations trop spontanées ou trop violentes : « Eviter la colère, les cris, l'extrême douceur, le murmure bas, bref, l'irrégularité » (45).

Le résultat est une voix qui sans doute manque beaucoup de ce qu'on appelle le naturel et qui est évidemment liée à la situation étrange du personnage. C'est la raison pour laquelle il écrit dans son cahier, à propos de sa voix :

« Tantôt je la reconnais, tantôt je la répudie, je sais qu'elle est mon masque le plus fin, le mieux élaboré ; elle me trouble et m'exaspère » (45).

D'ailleurs le sentiment de malaise que lui donne cette voix vient du fait qu'il la ressent comme imposée par la volonté de son père, ce qui pourrait expliquer pourquoi il a tant de mal à la reconnaître pour sienne. La volonté du père a pénétré en lui si intimement qu'il en arrive à imaginer que son père lui a *insufflé* sa voix, ou qu'il l'a déposée en lui pendant son sommeil en lui faisant du bouche-à-bouche. En ce sens, la voix est comme le symbole et la manifestation la plus perceptible du corps, ce corps d'Ahmed devenu mensonger du fait de la volonté paternelle.

De la voix du père, on pourrait dire qu'elle est la voix du Maître. Elle dit la Loi et impose l'ordre établi. Elle est l'expression de la société tout entière, c'est elle qui dit ce qu'il en est dans une société islamique. D'ailleurs, écrire la voix du père est si contraignante que, pour ne plus l'entendre, la mère a préféré entrer dans la surdité et dans l'autisme.

Par ailleurs on sait que les aveugles sont particulièrement sensibles aux voix. Ce trait est utilisé dans les deux chapitres de *L'enfant de sable* qui donnent la parole à celui que le romancier appelle *le troubadour aveugle*. Lorsque celui-ci reçoit la visite d'une mystérieuse femme arabe, il remarque aussitôt la singularité de sa voix et ne l'oubliera plus désormais. Il n'a pas encore tout à fait perdu la vue mais presque. C'est le moment où il passe du monde des images et de l'écriture au monde des voix. Voici comment il décrit celle de cette femme mystérieuse dont on devine qu'elle est Ahmed-Zahra, bien longtemps après les événements racontés par le premier conteur :

> « J'ai rarement entendu une voix aussi grave et aiguë en même temps. Voix d'homme qui aurait subi une opération sur les cordes vocales ? Voix de femme blessée à vie ? Voix d'un castrat vieilli avant l'âge ? » (174).

Cette voix révèle donc l'étrange histoire d'Ahmed-Zahra et sa personnalité telle qu'elle s'est peu à peu forgée au long de sa vie. On comprend qu'il lui est resté définitivement quelque chose de cette ambiguïté sexuelle qui s'est mise à faire partie de son être même si ce n'était au début qu'une dissimulation. Du fait qu'elle a été Ahmed pendant plus de vingt ans, sa personnalité de femme reste marquée à jamais. Sa voix est si singulière que pendant la *nuit andalouse,* le troubadour aveugle croit l'identifier encore une fois.

Pour définir l'identité d'un être, la voix peut suffire, et elle est moins gênante que le visage. Fatouma, jadis Ahmed-Zahra, regrette d'avoir gardé son visage antérieur. Faute de pouvoir en changer, elle préférerait ne pas en avoir : « Ou alors, ce qui serait encore mieux, ne pas avoir de visage du tout...Nous serions juste des voix...Un peu comme des aveugles... » (162).

Il est clair que l'attachement de Tahar Ben Jelloun à l'oralité l'amène à explorer toutes les possibilités et les richesses de la voix. Pourtant sa passion pour l'écriture n'en est nullement amoindrie.

L'écriture

Une bonne partie du récit qui nous est fait dans *L'enfant de sable* est supposée sortir d'un cahier. Dès le début du chapitre 1, le conteur le sort d'un cartable et le montre à l'assistance. Il en parle aussitôt après comme d'un livre que lui-même aurait lu, et même appris par cœur.

Ce livre, qui contient un secret, est extrêmement précieux. C'est pourquoi, lorsque le conteur en a fini la lecture (ou la récitation), il le range avec soin : « Il l'enveloppa soigneusement dans un morceau de tissu en soie noire et le remit dans son cartable » (14).

D'après la présentation qu'en fait le conteur, tout est inclus dans le livre et tout sort de lui. Comme ce « tout » comporte des objets matériels, des personnages etc., on comprend que c'est une façon de parler pour dire que tout et tous, dans une histoire, doivent être considérés comme des « êtres de papier ». Tout est écrit dans le livre, et rien n'existe en dehors de lui.

La langue française écrite, comme beaucoup d'autres, a des caractéristiques différentes de la langue orale. On s'en aperçoit dès le chapitre 3, lorsque le conteur lit un long passage du cahier. Le personnage principal parle à la première personne et fait un récit au passé dans lequel il évoque son enfance. On y trouve beaucoup de verbes au passé simple, un temps qui n'est plus utilisé que dans la langue écrite.

Le roman de Tahar Ben Jelloun étant lui-même écrit, il peut facilement restituer tout ce qui touche à l'écriture et n'appartient qu'à elle. Il en est ainsi pour les lettres arabes ou les mots écrits dans cette langue. On apprend par exemple qu'Ahmed enfant était très sensible à la calligraphie mettant en valeur sa langue natale. Il a recopié dans son cahier une prière qu'il lisait alors à la mosquée, gravée dans le plâtre et dans le bois. Dans *L'enfant de sable*, cette prière figure en caractères arabes, suivie de sa traduction en français.

Il est évident que si l'auteur n'avait voulu rendre hommage qu'à l'oralité, cette présence des lettres et de la calligraphie n'aurait pas de sens. Or la civilisation islamique fait partie de ce qu'on appelle les civilisations du livre. Le Coran, qui est extrêmement présent dans la vie et dans les mains de musulmans comme les Marocains, est souvent évoqué dans *L'enfant de sable.* Du fait qu'il est le modèle et l'exemple de tous les livres, et aussi le livre sacré où est transcrite la parole de Dieu, dans la mentalité traditionnelle, toute écriture est sacralisée, elle ne peut jamais être considérée comme anodine, et tout texte écrit mérite le respect. En citant des passages d'un texte écrit, qu'il appelle le cahier ou le livre, le romancier s'appuie sur l'importance de l'écriture dans la société dont il parle et même sur son caractère sacré. Il en profite pour valoriser son travail et en montrer les risques : « Les mots du livre ont l'air anodin et, moi qui le lis, je suis remué comme si on me dépossédait de moi-même » (39-40).

Dans cette phrase, il faut comprendre le *et* comme un mot qui souligne l'opposition et signifie *et pourtant.* Chaque fois qu'il lit des pages du cahier, le conteur tient à rappeler qu'il prend un risque et qu'il court le danger d'être « déstabilisé » comme nous dirions aujourd'hui.

D'ailleurs le déchiffrement des pages écrites est parfois difficile. Certaines d'entre elles sont même illisibles parce que l'encre est trop pâle ou semble avoir été effacée. On ne peut les lire n'importe quand ni n'importe où, cela demande au contraire beaucoup de précaution, C'est ainsi que le conteur, par imprudence et étourderie, a perdu tout le contenu du livre : « Le livre est vide. Il a été dévasté. J'ai eu l'imprudence de le feuilleter une nuit de pleine lune. En l'éclairant, sa lumière a effacé les mots l'un après l'autre » (201).

Il en ressort que l'écriture est fragile, vulnérable et qu'elle comporte des mystères ou même une sorte de magie. S'agissant de cette dernière, ce serait sans doute sacrilège de l'attribuer au Coran lui-même. L'efficacité de l'écriture, à diverses fins, fait partie des croyances populaires marocaines et c'est une des bases du maraboutisme, que l'islam au sens strict du terme ne reconnaît pas. On pourrait dire que sa grande connaissance de la culture marocaine permet au romancier de faire feu de tout bois, qu'il s'agisse du rapport des Marocains à leur patrimoine oral ou de leur conception et de leur usage de l'écriture.

Le rapport qui existe au Maroc entre toute espèce de livre et le Coran est bien souligné dans *L'enfant de sable*. Au chapitre 6, la question se pose de savoir qui est en possession du véritable cahier d'Ahmed, puisqu'apparemment il y en a plusieurs, vrais ou faux, en circulation. Celui qu'on prenait jusque là pour le vrai n'était peut-être qu' « une édition très bon marché du Coran » (70). Le vrai journal d'Ahmed serait alors entre les mains d'un personnage qui dit être le frère de Fatima, l'épouse d'Ahmed tôt disparue. Il le montre au public, avec une preuve à l'appui de son affirmation : « Le journal d'Ahmed, c'est moi qui l'ai. C'est normal, je l'ai volé le lendemain de sa mort. Le voilà, il est couvert d'une gazette de l'époque, vous pouvez lire la date... Ne coïncide-t-elle pas avec celle de sa mort ? » (70).

La question se pose à nouveau au chapitre 14, lorsque nous est annoncée la mort du conteur. A ce moment, les indications deviennent précises. Le conteur mort, déposé à la morgue, « serrait contre sa poitrine un livre, le manuscrit trouvé à Marrakech et qui était le journal intime d'Ahmed-Zahra » Le manuscrit fut brûlé en même temps que les vêtements du mort.

Mais dès la fin de ce chapitre 14, l'information précédente est démentie par Amar, qui s'insère à un moment du récit précédent et dit avoir racheté le manuscrit aux infirmiers de la morgue. Il promet de l'apporter le lendemain pour continuer le récit du conteur disparu.

On voit que les aventures du cahier sont aussi riches de péripéties que celle du personnage lui-même. *L'enfant de sable* valorise cet objet qui est un peu comme le trésor qu'on poursuit dans certains contes ou romans d'aventures.

Au chapitre 16, Fatouma, qui fut jadis Ahmed-Zahra, explique qu'elle a perdu un jour le cahier dans lequel elle consignait son histoire. A partir de cette déclaration, toutes les hypothèses sont possibles, et l'on ne peut savoir dans quelles mains le cahier est finalement tombé ni de quelle manière.

Une dernière variante concernant le cahier et son origine est proposée au chapitre 19, juste avant la fin du roman. Le vieux conteur réapparaît avec un cartable à la main, comme au premier chapitre. Il en sort un grand cahier usé mais montre que les pages en sont désormais vides : il n'y reste que des traces d'écriture à peu près illisibles. L'explication du conteur est que la lumière de la lune a tout effacé. Avant de déposer le cahier vide et de le mettre à la disposition du public, il révèle comment ce cahier est venu en sa possession. Il lui a été donné un jour par une femme venue d'Egypte, qui lui a fait confiance parce qu'elle admirait ses talents de conteur. Cette femme était la nièce de Bey Ahmed, l'auteur du cahier. Cependant le conteur dit qu'il lui a fallu faire un certain travail d'adaptation pour tirer l'histoire d'Ahmed-Zahra du journal intime de Bey Ahmed. Cette adaptation a dû tenir compte des goûts du public marocain. On peut penser aussi qu'il faut un certain travail pour passer d'un récit écrit à un conte oral. A travers les aventures du cahier et du conte, le romancier Tahar Ben Jelloun joue avec virtuosité de la différence entre ces deux formes du langage et ces deux formes de littérature. Mais il semble évident que dans le contexte marocain de cette histoire, tout livre est un objet digne de considération et qui, dans certains cas, peut devenir un véritable talisman. Le rapport au Coran comme livre par excellence n'est pas forcément explicite mais il existe implicitement dans tous les esprits.

On a confirmation de cette présence et de son importance par un passage consacré à la calligraphie arabe en tant que liée à l'islam. On sait d'ailleurs que traditionnellement les enfants marocains, comme d'autres petits musulmans, apprenaient à lire en déchiffrant le Coran. L'alphabet arabe, essence de l'écriture, est d'abord présent, concrètement et magnifiquement, à la mosquée où les enfants peuvent le découvrir.

Le chapitre 3 qui raconte l'enfance d'Ahmed nous le montre justement à la mosquée où il apprend à être un rêveur en regardant les plafonds sculptés. Ces plafonds étant décorés par des versets coraniques qui y sont calligraphiés, l'enfant se plaît à suivre le mouvement des lettres. Il en évoque trois qui ont leur équivalent en français, le *alif* qui est le a, le *noun* qui est le n et le *ba* qui est le b. Mais ce qui compte surtout pour lui est la forme de ces lettres, dont il nous donne une idée dans la phrase suivante :

> « Je m'accrochais au *Alif* et me laissais tirer par le *Noun* qui me déposait dans les bras du *Ba*. J'étais ainsi pris par toutes les lettres qui me faisaient faire le tour du plafond et me ramenaient en douceur à mon point de départ en haut de la colonne » (38).

Tahar Ben Jelloun insiste ici sur les qualités graphiques de l'alphabet arabe. C'est pourquoi il reproduit une phrase écrite dans cet alphabet, pour en donner au moins une idée au lecteur qui ne connaît pas l'arabe.

Il y a dans *L'Enfant de sable* une autre personne qui a une certaine culture et qui semble trouver plaisir aux mots de la langue arabe. C'est Amar, le personnage principal du chapitre 15, qui nous dit être un vieil instituteur retraité. Pour parler de la corruption dont souffre la société marocaine, il préfère employer le mot arabe qui lui paraît plus évocateur. Le romancier l'écrit en lettres arabes et explique pourquoi ce mot est riche de connotations :

> « Il s'applique aux matières qui perdent leur substance et qui n'ont plus de consistance, comme le bois par exemple qui garde l'enveloppe extérieure, il garde l'apparence mais il est creux, il n'y a plus rien dedans, il a été miné de l'intérieur ; de petites bêtes vraiment minuscules ont grignoté tout ce qu'il y avait sous l'écorce » (146).

Amar dit qu'il aime ce mot mais nous comprenons évidemment que c'est le romancier qui l'aime. C'est pourquoi il a tenu à le citer tel qu'il est en arabe, avec la physionomie que lui donnent les lettres arabes, au sens alphabétique et calligraphique du mot. On peut en conclure que ce roman écrit en français est parfois pensé et même vu en arabe dans la tête de l'écrivain. En tout cas la langue arabe n'est jamais loin de lui et il n'hésite pas à y recourir.

Cependant la passion des livres va au-delà et n'est pas seulement l'effet d'une formation coranique. Tahar Ben Jelloun tient à faire état de tout ce qu'il doit à la littérature mondiale et il délègue ce qui est en fait sa propre passion à un autre personnage, le troubadour aveugle, alias Jorge Luis Borges, qui n'a cessé de dire dans ses propres œuvres que les livres ont été son seul univers. Il est donc, dans *L'enfant de sable* le personnage en qui s'incarne la passion des livres, et à ce titre le double de l'écrivain Tahar Ben Jelloun. Celui-ci fait un portrait très documenté de celui qui est ou a été un être réel avant de devenir un être de papier dans *L'enfant de sable*.

Jorge Luis Borges est à la fois grand lecteur et écrivain ; la chambre où il vit à Buenos Aires est tapissée de livres. Il n'y manque pas même le Livre par excellence, c'est-à-dire le Coran. Il s'avère que ce personnage est aussi un bibliophile, amateur de livres rares et précieux. Il possède un Coran manuscrit que le Roi Farouk d'Egypte, connaissant ses goûts, lui a offert lorsqu'il s'est rendu à l'Université Al Azhar du Caire. Il dit explicitement qu'il aime beaucoup lui aussi l'écriture arabe et la calligraphie.

Sa passion extrême des livres amène le troubadour aveugle à confondre leurs personnages avec des êtres vivant dans la réalité. Il lui arrive même, ce qui est un comble, de se prendre lui aussi pour un personnage sorti d'un livre et inventé par un écrivain ! .En tout cas, les personnages de ses propres livres, ne se distinguent pas pour lui d'êtres réels qui seraient ses amis ou ses proches.

Grâce à cet homme dont il fait son père spirituel et son maître, Tahar Ben Jelloun nous permet de comprendre pourquoi le monde des livres a une force considérable et peut exercer sur certains un pouvoir d'attraction qui ressemble à de la magie. C'est comme une sorte d'envoûtement, et tout se passe comme si les livres dévoraient la vie plutôt que l'inverse. Jusqu'à sa cécité, le troubadour aveugle a connu cet état : « Ma vie fut principalement consacrée aux livres. J'en ai écrit, publié, détruit, lu, aimé... toute ma vie avec des livres » (187-188).

C'est ainsi que l'auteur trouve le moyen d'équilibrer par un hommage aux livres celui qu'il rend à l'oralité. Il nous fait comprendre que les uns et l'autre sont les deux clefs de la culture marocaine telle qu'il la conçoit et dont il travaille à être un éminent représentant.

Le Coran et la poésie mystique

Le Coran est très présent dans *L'enfant de sable*, parce qu'il l'est dans l'esprit et dans la vie même de tout l'auditoire du conteur. Tahar Ben Jelloun insiste sur la forte religiosité de ce public marocain, dans la mesure où elle a des effets sur le conte lui-même. On a vu que toute liberté prise par le conteur à l'égard du texte coranique est susceptible de faire fuir ses plus fidèles habitués : « Je sais pourquoi certains ne sont pas revenus ce matin : ils n'ont pas supportée la petite hérésie que s'est permise notre personnage. Il a osé détourner un verset du Coran » (107).

Après quoi il en appelle au pardon pour un être qui, lui, a été détourné de son destin et que Dieu seul peut se permettre de juger !

Le conteur pourrait être vu ici comme un intermédiaire entre le public populaire marocain et l'auteur lui-même (représenté par Ahmed) auquel sa culture permet d'autres formes d'accès au religieux ou au sacré. Cependant, dans la mesure où le Coran sert de base au fonctionnement institutionnel de la société, par exemple dans le cas de l'héritage mais pratiquement pour toute espèce de juridiction, toutes les catégories sociales ou culturelles sont amenées à le convoquer quotidiennement. Et c'est à ce titre qu'il est très présent dans *L'enfant de sable*.

La particularité de Tahar Ben Jelloun est de mettre l'accent sur sa valeur poétique, notamment à travers le journal ou les lettres d'Ahmed, Il en est ainsi lorsque celui-ci rêve d'être emmené au ciel par des anges et se complaît à imaginer cet envol : « Je m'en vais sur la pointe des pieds. Je ne veux pas peser lourd, au cas où les anges, comme il est dit dans le Coran, viendraient me porter jusqu'au ciel » (159).

Ce rêve d'envol rejoint une aspiration d'ordre à la fois poétique et religieux, de tendance mystique, qui est certainement la tendance dominante chez le personnage du livre ; d'où l'on peut conclure que c'est aussi le cas de son auteur. Le mot mystique est employé à plusieurs reprises, souvent accolé au mot poète ou poésie ; et certains de ces poètes sont non seulement nommés mais cités dans le texte, où il est question par exemple de « murmurer à l'aube ces vers du poète mystique du XIIIe siècle, Ibn Al-Fârid » (92).

Ahmed est encouragé en ce sens par son correspondant anonyme qui souligne la place que tient dans sa vie « la fréquentation de quelques poètes mystiques » (104). Mais c'est surtout à travers les propos de l'un de ses doubles, Amar, que le héros nous éclaire sur son appartenance et ses prédilections : « L'islam que je porte en moi est introuvable, je suis un homme seul et la religion ne m'intéresse pas vraiment. Mais leur parler d'Ibn Arabi ou d'El Hallaj aurait pu me valoir des ennuis » (146).

D'une manière générale, Ahmed-Zahra exprime souvent un désir de rompre tout lien avec le monde et de se délivrer des attaches matérielles. On ne peut manquer de voir là un trait de la mystique soufie dont les deux plus grands représentants viennent d'être nommés par Amar. Il est certain que l'auteur se montre plus intéressé par cette tendance que par le strict exposé des préceptes du Coran,

CHAPITRE II

CONSTRUCTION ET DÉCONSTRUCTION DU RÉCIT

La construction du récit se fait autour d'un thème, posé d'emblée et qui ne cesse d'être réaffirmé. Cependant et paradoxalement, c'est aussi un récit qui s'emploie à saper ses propres affirmations en opérant une sorte de glissement volontaire, comparable à l'effritement du sable, pour reprendre l'image suggérée par le titre.

Résumé

De toute évidence, il y a un thème dominant sinon unique dans *L'enfant de sable*. Ce livre nous parle des rapports du masculin et du féminin dans la société marocaine et de la supériorité que le premier de ces deux genres (au sens sexuel du mot) s'adjuge sur le second. Qu'on en juge par ce très simple résumé.

Un homme qui semble avoir été très malmené par la vie s'est retiré dans sa chambre. Personne n'ose lui parler. Il met de l'ordre dans son passé en l'écrivant dans un grand cahier qui est son journal intime. Il ne se sent aucune affinité ni avec sa mère ni avec ses sœurs qui vivent dans la même maison que lui. Il a repris la place de son père mort. Mais après en avoir assumé le rôle, il est entré dans une crise qui l'a poussé à s'enfermer et à s'isoler dans sa propre maison. Un conteur prétend connaître l'histoire de cet homme et entreprend de la raconter. Il explique que cet homme, ou supposé tel, s'appelle Ahmed, Les parents ont eu auparavant sept filles, ce que le père a vécu comme une honte et une tragédie. Les frères du père se réjouissent à l'idée que selon la loi musulmane, une bonne part de l'héritage va leur revenir. Pour avoir un fils, la mère a essayé toute sorte de pratiques de sorcellerie mais en vain. Le père excédé a une idée, simple mais difficile à réaliser : « L'enfant à naître sera un mâle même si c'est une fille ! » (21).

La mère se laisse facilement convaincre et accepte de devenir complice du père. Seule la vieille sage-femme partagera ce secret avec eux. Le jour de la naissance, c'est encore une fille qui vient au monde mais le père proclame qu'il s'agit d'un garçon, prénommé Ahmed.

Toute la famille est réunie pour le baptême d'Ahmed, qui est une fête grandiose. Le père annonce triomphalement la naissance de son fils dans le journal national. Il se livre à une supercherie pour que l'enfant, en apparence du moins, soit circoncis. Le fils est élevé par son père mais comme tous les petits garçons il va d'abord au hammam avec sa mère. Plus tard, il raconte dans son journal comment se passaient ces séances dans le monde des femmes. Lorsqu'il devient plus grand il va au hammam des hommes avec son père. Il l'accompagne également à la mosquée. Son père fait tout pour lui inculquer les manières et la mentalité d'un homme.

L'étape de l'adolescence s'avère difficile, car c'est un moment où le corps est en crise. Dans son journal, Ahmed parle de sa solitude et du secret dont il est porteur. Sa voix peut passer pour celle d'un garçon mais son corps, comme celui d'une fille, produit chaque mois du sang menstruel.

Lorsqu'Ahmed a vingt ans, il va voir son père et lui dit qu'il voudrait se marier. On a fait de lui un homme et il voudrait le rester. Le père est désemparé. Ahmed devenu autoritaire convoque sa mère et lui dit qu'il veut épouser sa cousine Fatima. La mère essaie de protester parce que Fatima est épileptique et boiteuse, mais Ahmed la rudoie brutalement et le mariage a lieu. Fatima arrive chez son mari accompagnée par deux vieilles femmes. Elle est heureuse d'échapper à sa propre famille. Ahmed n'a aucune relation sexuelle avec elle et finalement voudrait s'en débarrasser. La malheureuse comprend qu'elle est de trop et lui annonce qu'elle va disparaître. Ce qu'elle fait.

Ahmed est maintenant veuf. Après la mort de Fatima, il devient encore plus triste qu'avant. Il se dit révolté par la société dans laquelle il vit. Il est en pleine détresse. Il boit du vin et fume du kif. Il se prépare à une mutation qui sera forcément longue.

De ce fait, la situation familiale se dégrade. La mère d'Ahmed devient folle, ses sœurs dilapident l'héritage, Ahmed reste enfermé dans sa chambre. Il lui faut apprendre à devenir femme : il se sent disponible pour cela mais effrayé par l'ampleur de la tâche. Il se souvient d'avoir vu enfant une scène de coït entre son père et sa mère et d'en avoir ressenti beaucoup de peur et de dégoût.

Les sœurs ont quitté la maison, la mère vit enfermée dans une pièce, Ahmed traverse une rude épreuve.

Le moment vient où il annonce qu'il va sortir de sa retraite. Il veut se confronter à l'aventure. Dans son errance, il rencontre d'abord une vieille femme qui lui arrache ses vêtements pour savoir de quel sexe il ou elle est. Désormais ce sera *elle*, une femme, qui découvre que son corps peut être source de plaisir. Elle rencontre ailleurs une autre vieille, Oum Abbas, qui l'embauche dans un cirque forain qu'elle dirige avec son fils Abbas. Il s'agit, pour l'ex-Ahmed, appelée maintenant Zahra, de jouer une sorte de travesti, déguisé tantôt en homme et tantôt en femme. A ce titre, elle est la principale attraction du cirque forain. Elle parvient à éloigner d'elle son passé mais non à l'oublier.

Zahra parle des images et des voix qui la poursuivent, surtout la voix de son père. Elle est hantée par le visage de sa mère, qui vit dans la solitude et dans la folie. Contrastant avec cette mère écrasée, la vieille Oum Abbas est une femme redoutable, qui soumet tous les hommes à son pouvoir. C'est, dans la société marocaine, le type d'exception qui confirme la règle de l'écrasement féminin.

Ici les récits divergent et proposent plusieurs fins possibles. L'un de ces épilogues raconte les derniers mois de la vie d'Ahmed devenu Zahra et travaillant au cirque d'Abbas. Celui-ci est une véritable brute et une crapule intégrale. Il veut violer Zahra et la transforme en véritable bête de cirque. Une nuit où il se jette sur elle, elle s'est équipée pour le tuer avec des lames de rasoir ; mais il a le temps de l'étrangler avant de mourir.

Selon une autre version, Ahmed fuit le cirque d'Abbas, épouvanté par la brutalité des rapports entre Oum Abbas et son fils. De là il va sur la tombe de Fatima et envisage sa propre mort. Il évoque le triste sort des femmes dans la société marocaine et exprime son désir de mourir lentement, en lisant de vieux manuscrits arabes ou persans qui magnifient le sentiment amoureux.

Mais aucune de ces deux versions ne peut tenir contre le témoignage de Fatouma, dont on ne sait pas d'abord qui elle est. Elle est allée à La Mecque où elle a voulu mourir. Elle en est repartie sans regret. En rentrant dans le pays elle a décidé de ne pas retourner chez elle, d'abandonner sa chambre et ses livres. Elle a appris à vivre dans le rêve mais aussi à connaître la misère de son pays et les horreurs qui s'y passent. Le moment vient où on comprend que c'est elle l'ancien Ahmed devenue Zahra. Il n'y a plus de doute possible lorsqu'elle explique qu'ayant perdu son grand cahier, elle a été contente d'entendre, après vingt ans, l'histoire de sa vie antérieure rapportée par le ou les conteurs.

Averti par l'épisode précédent, lorsque le troubadour aveugle rapporte la visite d'une jeune femme arabe qui lui a donné, sans autre explication, une pièce de monnaie portant une figure d'homme sur l'une de ses faces et une figure de femme sur l'autre, on se doute que ladite jeune femme pourrait bien être un nouvel avatar d'Ahmed devenu Zahra. De cette femme il nous dit qu'elle avait suivi un commerçant arabe en Amérique Latine, croyant échapper à son passé, mais que leur couple n'était pas heureux. Mystérieuse et secrète, elle semblait très tourmentée et ne parvenait pas à raconter son histoire. Le troubadour, venu en Andalousie, y a perçu, parmi d'autres aventures étranges, « une voix de femme dans un corps d'homme » (195).

Pour finir, le premier conteur réapparaît et dit que dans un grand cahier qui lui a été remis par une femme d'Alexandrie, il a lu une histoire comparable à celle d'Ahmed-Zahra : celle d'un certain Bey Ahmed, qui, à sa mort, s'est avéré être une femme. Mais il a maintenant tout oublié, l'écriture s'est effacée laissant le cahier vide, c'est pourquoi il s'en va lire le Coran sur les tombes.

Patriarcat et statut de la femme dans la société marocaine

Le choix fait par le père et sa volonté d'avoir à tout prix un garçon nous montrent deux choses à la fois : d'une part, en tant que père de famille, il a tous les pouvoirs et tout le monde s'incline devant lui ; d'autre part le monde masculin est si valorisé aux dépens du féminin que c'est une véritable honte pour un homme d'avoir une descendance seulement féminine.

Ces traits caractérisent ce qu'on appelle le patriarcat, et la littérature marocaine en a donné maint exemple.

Le patriarcat et le pouvoir des pères

Le patriarcat est une forme de vie en société qui donne l'essentiel du pouvoir aux pères, c'est-à-dire aux hommes mariés, ayant femme(s) et enfants. Les unes et les autres sont soumis au pouvoir du père, qui est un pouvoir à peu près sans limite et sans contrôle. C'est ainsi que dans le patriarcat au sens plein du terme, le patriarche a droit de vie et de mort sur les femmes qui dépendent de son autorité, et sur ses fils également.

Dans la plupart des sociétés contemporaines, le patriarcat au sens plein n'existe plus car le pouvoir des pères est soumis à un pouvoir supérieur, celui de l'Etat, défini par des lois et contrôlé par la justice. En revanche même dans les Etats modernes, parfois appelés Etats-nations, il existe un peu partout dans le monde des traces du patriarcat ancien. Tahar Ben Jelloun veut montrer que le Maroc, du moins celui qu'il a connu dans son enfance, est un pays où le patriarcat est encore très présent. Ce qui apparaît en la personne du père d'Ahmed, jusqu'à sa mort et même au-delà. Comme il arrive en littérature et en art, le trait est grossi, pour être plus apparent. Le conte inclus dans *L'enfant de sable* pousse à l'extrême le pouvoir de décision qui appartient au père dans la société patriarcale. On voit en effet le père d'Ahmed décider du sexe de son enfant, alors que nous vivons dans un monde où, pour le moment en tout cas, l'identité sexuelle ne dépend pas de la volonté humaine !

Après la mort du père, le pouvoir se transmet à son fils aîné exclusivement. Celui-ci à son tour impose ses volontés à toute la famille. C'est ainsi qu'agira Ahmed, mais pour un temps limité seulement, avant de « trahir » la cause du patriarcat.

La relation privilégiée entre le père et le fils qui sera son héritier est conçue comme le fondement de la famille patriarcale. Les femmes sont exclues du pouvoir et plus généralement considérées comme inférieures, voire tenues dans le mépris.

Ce sont les hommes qui ont le pouvoir, et dans cette société l'homme par excellence est le père. On voit très bien dans *L'enfant de sable* que le père est le seul à disposer de l'autorité pour tout ce qui concerne la famille. On trouve souvent accolé à son nom le mot *décision*, renforcé de plusieurs manières, comme on le voit dans cette phrase : « C'était cela sa décision, une détermination inébranlable, une fixation sans recours » (21).

Tout est fait pour que le père apparaisse comme un personnage dont il faut respecter l'autorité. Nous apprenons qu'il est *Hadj,* un titre honorifique qu'on acquiert en faisant le pèlerinage à La Mecque. Le père lui-même ne manque pas de l'accoler à son nom lorsqu'il fait passer une annonce dans le journal. Mais toute distinction honorifique ne prend vraiment son sens que si le personnage qui la porte peut s'enorgueillir d'une progéniture mâle : « Le bruit courait déjà dans le quartier et le reste de la famille : Hadj Ahmed va avoir un garçon » (24).

Le père fait en sorte de rappeler que l'autorité dont il dispose se justifie par le fait qu'il est un homme respectable à tous égards. Il est, dit-il, « un homme de bien », qui tient à l'honneur et à la dignité. Cette définition implique notamment qu'il ne se laisse pas aller à des actes de violence, commis sous cette impulsion. Il convient d'être pondéré, et d'agir plutôt par ruse et préméditation. C'est ainsi qu'on entend de sa bouche une formule caractéristique : « J'ai tout arrangé, j'ai tout prévu » (23).

C'est un homme de cinquante ans, qui affiche avec fierté un air viril. On apprend dans le texte de la petite annonce qu'il est potier, ce qui veut dire en fait qu'il a une entreprise de poterie, et que son travail consiste à gérer les affaires, les employés et les clients. Personne, pas même ses frères, ne se sent autorisé à contester si peu que ce soit ses décisions et ses comportements. Pour la circoncision de son prétendu fils, il substitue son propre doigt au pénis manquant, une supercherie un peu grossière, mais le conteur explique qu'en fait Hadj Ahmed peut tout se permettre parce qu'il est « un homme puissant et déterminé » (32).

Il ne manquait à ce parfait représentant du système patriarcal qu'une condition indispensable pour que son pouvoir soit parfaitement reconnu : avoir un fils. Le patriarcat ne peut exister qu'à travers cette forme spécifique de transmission.

Le système patriarcal se transmet de père en fils. Lorsqu'il y a plusieurs fils, la transmission se fait par l'aîné. Les filles, qu'elles soient nombreuses ou non, ne peuvent pas remplacer un garçon. L'enfant mâle est indispensable, et le point de départ du conte est fondé là-dessus. Le fils est considéré comme l'héritier par excellence dans la mesure où il est le seul à pouvoir hériter de l'autorité paternelle. Lorsqu'Hadj Ahmed annonce à sa femme qu'elle aura un garçon, il fait l'exposé complet de ce que cela signifie en commençant par le point important, qui est cette transmission : « Il sera élevé selon la tradition réservée aux mâles, et bien sûr il gouvernera et vous protégera après ma mort [...] Ahmed restera seul et régnera sur cette maison de femmes » (23).

Il apparaît que cette conception patriarcale est issue du système tribal, où c'est la lignée qui compte, non l'individu. Dans la mesure où le fils, dès qu'il est au monde, est vu comme l'image et le successeur du père, il est bien précisé que les femmes de la maison et notamment ses sœurs, lui doivent le même respect qu'au père lui-même. Ce qui implique évidemment pour le fils un ensemble d'obligations, qu'on peut résumer d'un mot en disant qu'en toute circonstance, il doit se montrer viril. Une des grandes règles, par exemple, c'est qu'un homme, donc un garçon, ne pleure pas. De toute façon, l'éducation du fils est prise en main par le père, alors qu'il ne s'est évidemment jamais occupé de celle des filles. Plus que d'une éducation, c'est d'une imprégnation constante qu'il s'agit : « Ahmed ne quittait jamais son père » (42).

Le garçon n'a en fait aucun moyen d'échapper à la volonté du père, qu'on pourrait appeler la loi du père, et il n'en connaît pas d'autre. Cette imprégnation est si forte que le fils en arrive à se sentir physiquement occupé ou habité par le père : il a le sentiment que le père lui a insufflé jusqu'à sa voix, en lui faisant du bouche à bouche pendant son sommeil. Tahar Ben Jelloun veut évidemment nous faire comprendre que d'un tel système il est très difficile de se libérer car il ne s'agit pas seulement d'une autorité qu'on a subie ; c'est l'être tout entier qui a été modelé.

Vient pourtant le moment où le fils en général, et Ahmed en particulier, veut affirmer sa propre personnalité. Il est évident que dans le cas d'Ahmed, la part de sa personnalité qui est liée à son identité sexuelle a été complètement occultée. Cependant, le romancier ici ne fait qu'accentuer habilement un fait plus général. On connaît en effet les thèses de l'inventeur de la psychanalyse, Freud, sur ce qu'il a appelé le complexe d'Oedipe. Il en ressort que dans une structure familiale définissable comme celle du patriarcat, le fils veut prendre la place du père. C'est de cette façon qu'agit Ahmed, avant même la mort de son père. On le voit peu à peu affirmer son autorité, tout à fait sur le modèle paternel, qu'il imite en tout point. A la maison il se montre autoritaire et se fait servir par ses sœurs. A l'atelier il prend les affaires en main, et son père le laisse faire, car il s'agit là d'une sorte de loi naturelle, du moins au sein du patriarcat : le père, vieillissant, est dépassé ; le fils, dans la force de l'âge, se substitue à lui.

Lorsqu'arrive la mort du père, tout est prêt pour que le fils lui succède sans problème. *L'enfant de sable* fait allusion à quelques manœuvres préalables pour que la légitimité du fils soit incontestée. Ahmed est d'ailleurs bien décidé à affirmer son autorité. Il fait notamment venir ses sœurs et leur annonce qu'il aura sur elles tous les droits d'un tuteur. Il agit en tout point comme le maître de la maison, et pour ce qui concerne les affaires de son père, il veille à les redresser. On voit par là l'efficacité du système patriarcal, qui bénéficie d'une sorte de renouvellement d'énergie à chaque changement de génération.

Cependant Ahmed est dans une situation très particulière, du fait de l'imposture mise en place à sa naissance. C'est la raison pour laquelle il ne peut se satisfaire des avantages pourtant considérables dont il bénéficie. Il va lui falloir accomplir un acte hautement transgressif : trahir le patriarcat.

Plus tard, lorsque le personnage principal du roman est devenu Zahra, elle réfléchit à tous ces avantages auxquels elle a finalement renoncé. Elle parle du « statut de l'homme puissant presque invisible qui était le sien » (155). Pour expliquer son renoncement, elle invoque un désir de liberté et aussi celui de connaître le monde dans toute sa diversité. De la situation qu'elle aurait pu avoir, elle dit que c'était un enfermement dans une cage.

Au moment où suivant le fil du récit on voit naître son désir de s'échapper et sa rébellion, il s'agit véritablement d'un reniement du système patriarcal, décrit sous son jour le plus sombre et le plus repoussant :

> « Sachez, ami, que la famille, telle qu'elle existe dans nos pays, avec le père tout-puissant et les femmes reléguées à la domesticité avec une parcelle d'autorité que leur laisse le mâle, la famille, je la répudie, je l'enveloppe de brume et ne la reconnais plus » (89).

Il ne s'agit donc pas seulement de cette révolte qui amène (ou qui amenait) beaucoup d'adolescents à vouloir quitter le milieu familial jugé trop étriqué. Ici c'est tout un système familial et social qui est dénoncé avec précision. La dénonciation est d'autant plus forte qu'elle est faite par quelqu'un qui pourtant avait tous les moyens d'en profiter.

A partir de là, le personnage qui est en train de devenir Zahra ne reviendra pas sur sa décision. Pour autant, *L'enfant de sable* montre qu'on ne sort pas facilement du patriarcat et qu'il laisse des séquelles graves chez les personnes qui ont été élevées en son sein. La suite du livre nous montre Zahra aux prises avec un certain nombre de remords. Tout se passe comme si son père venait à titre posthume l'accuser de trahison. La voix du père lui dit : « Tu as trahi. Je te poursuivrai jusqu'à la mort. Tu n'auras point de paix » (130).

Zahra éprouve à travers cette voix le sentiment d'avoir fait mourir un autre personnage qui s'appelait Ahmed et d'avoir usurpé sa place. Il faut peut-être reconnaître là un sentiment qu'éprouvent les femmes nées dans le patriarcat lorsqu'elles décident de s'en libérer et de vivre autrement.

Malgré une vie parfois difficile et dangereuse, Zahra n'éprouve jamais le regret de ce qu'elle aurait pu être. En revanche elle éprouve souvent le sentiment d'une très grande solitude parce qu'elle se situe en dehors de la société et qu'il n'y a point de place prévue pour les gens comme elle. Dans la société patriarcale, fortement structurée, « une femme seule, célibataire ou divorcée, une fille-mère, est un être exposé à tous les rejets » (154).

Zahra se rend compte qu'elle est obligée de payer, notamment par la solitude, la liberté qu'elle a choisie. Ceci concerne le statut de la femme, dont *L'enfant de sable* nous montre que dans la société marocaine, il est très défavorisé.

Le statut de la femme, un statut d'infériorité

La société marocaine est l'une de celles qui favorisent les hommes aux dépens des femmes. Plus que jamais de nos jours, les femmes elles-mêmes s'emploient à dénoncer ce dont elles sont victimes. Mais beaucoup d'hommes comme Tahar Ben Jelloun s'associent à leur combat. La situation est complexe, parce qu'elle a plusieurs origines. Le résultat est qu'il n'est pas facile de la modifier. L'une de ces origines est une tradition très ancienne qui, pour s'en tenir au plus proche, a régné sur tout le pourtour de la mer Méditerranée depuis les temps historiques. Dans les pays devenus par la suite arabo-musulmans, cette situation est donc très antérieure à l'islam.

L'islam lui-même a tenté de corriger certains aspects particulièrement odieux de la prépondérance masculine. Cependant il a promulgué des lois qui restent globalement défavorables aux femmes. Il est évident que dans des pays qui se définissent par leur religion, les lois participent du sacré et sont donc très difficiles à changer.

L'enfant de sable montre que cet ensemble de coutumes archaïques et de préceptes religieux a des effets redoutables jusqu'à notre époque. La vie quotidienne des femmes est soumise à des interdits, exposée à des brimades et à des dangers. A cet égard, le roman de Tahar Ben Jelloun est un véritable plaidoyer contre le statut d'infériorité qui leur est fait. Mais le romancier est beaucoup trop habile pour présenter ce message de manière théorique et polémique. Il le fait passer grâce au plaisir du conte. On en trouve tous les éléments au fil de l'action.

Avant l'islam

On attribue souvent à l'islam les difficultés que connaissent les femmes dans certains pays musulmans, comme ceux du Maghreb. Tahar Ben Jelloun tient à rappeler que dans un grand nombre de ces mêmes pays, leur situation était encore pire avant l'islam. Il le fait par trois fois au moins dans *L'enfant de sable*. Dès qu'il est question des sept sœurs nées avant Ahmed, on constate que le père pense à ce qui leur serait arrivé dans ces époques anciennes, jusqu'au VIIe siècle de l'ère chrétienne : « Que de fois il se remémora l'histoire des Arabes d'avant l'islam qui enterraient leurs filles vivantes » (17).

On se dit que cette évocation est horrible ; pourtant le père d'Ahmed y pense sur le mode du regret. Il est vrai que cette pensée est attribuée à un homme mort, à un moment où Zahra imagine que son père serait furieux que son huitième enfant soit finalement devenu une fille lui aussi. Voici les propos qu'elle croit entendre de la bouche de son père mort : « Avant l'Islam, les pères arabes jetaient une naissance femelle dans un trou et la recouvraient de terre jusqu'à la mort. Ils avaient raison. Ils se débarrassaient ainsi du malheur » (129).

Le père d'Ahmed, ou plutôt son fantôme, prétend regretter de n'avoir pas eu le même courage que ces hommes-là. Mais on peut penser qu'il y a une bonne part de provocation dans de tels propos, lorsqu'ils sont tenus aujourd'hui.

Il n'en reste pas moins que la connaissance de ce fait historique peut être traumatisante pour une femme arabe. C'est ce que ressent Fatouma, lorsqu'elle parle du malheur d'être femme, comme d'un fait qui n'est que trop connu : « Oh ! Je ne vous apprends rien. Mon histoire est ancienne..., elle date d'avant l'islam... » (168).

Les faits antérieurs à l'islam ne sont attestés par aucune loi. En revanche, la société islamique se caractérise par des dispositions juridiques très précises, elles-mêmes appuyées sur le texte coranique et parfois incluses explicitement dans le Coran. Tahar Ben Jelloun en a pris un exemple, tout à fait clair, qui concerne le droit à l'héritage. Dans le Coran lui-même, il y a une sourate dans laquelle ce point est traité, c'est la *Sourate des femmes*. Le romancier en cite un passage, que son héros Ahmed est supposé se remémorer, au moment où il va lui-même hériter de son père. Le texte et sa référence précise sont donnés par le romancier, qui sait à quel point l'existence d'une telle affirmation explicite dans une sourate coranique est dommageable pour la cause féminine :

> Voici ce dont Allah vous fait commandement
> au sujet de vos enfants : au mâle,
> portion semblable à celle de deux filles...
> (Sourate des femmes, IV, 11-12) (53)

Ahmed va donc bénéficier de ces lois qui privilégient l'homme par rapport à la femme. Mais le moment vient où il laisse tout cet argent à ses sœurs, pour se débarrasser d'un passé qui l'accable, et qui en effet a pesé terriblement sur son destin.

Le père d'Ahmed tenait tout spécialement à avoir un fils à cause d'une autre disposition concernant l'héritage, en vigueur chez les Musulmans. L'homme qui n'a pas d'héritier mâle est dépossédé en faveur de ses frères quand il en a, ce qui était le cas du père d'Ahmed. Les filles dans ce cas ne peuvent recevoir plus que le tiers de l'héritage. Ce qui fait dire au conteur, tandis qu'il rappelle ces faits au public : « Vous n'êtes pas sans savoir, ô mes amis et mes complices, que notre religion est impitoyable pour l'homme sans héritier » (18).

Phrase dans laquelle il faut comprendre que le mot *héritier* désigne en fait l'héritier mâle. Le mot *mâle* est d'ailleurs très fréquemment employé dans le texte et opposé au mot *femelle* dont les connotations en français sont très péjoratives. On ne peut l'employer pour une femme sans la réduire à l'animalité. En revanche, lorsque la décision du père est énoncée sous la forme que nous connaissons déjà : « L'enfant à naître sera un mâle même si c'est une fille » (21), le mot *mâle* a un sens très laudatif.

La femme soumise

La conception patriarcale du fonctionnement social implique une infériorité des femmes en général. La qualité principale qu'on attend d'elle est l'obéissance et la soumission. Lorsque, pour une fois, le père d'Ahmed veut amadouer la mère pour lui faire admettre sa fameuse décision, il lui dit : « Tu es une femme de bien, épouse soumise, obéissante » (21).

Et l'on constate en effet que la mère acquiesce, la première raison de son attitude étant qu'elle n'a jamais rien fait d'autre que d'obéir à son mari.

Cependant lorsque son fils Ahmed lui annonce son intention d'épouser la pauvre épileptique sa cousine Fatima, la mère proteste, car il se trouve que cette décision-là, du moins, pourrait dépendre d'elle. Mais Ahmed ne prend pas un instant au sérieux cette vague tentative de résistance. Il rappelle à sa mère, avec beaucoup de cruauté, que de toute façon, dans cette famille, ce n'est jamais elle ni d'ailleurs aucune autre femme qui ait décidé de quoi que ce soit : « Dans cette famille les femmes s'enroulent dans un linceul de silence..., elles obéissent..., mes sœurs obéissent ; toi tu te tais et moi j'ordonne ! » (53).

Bien que la société traditionnelle marocaine soit de toute manière patriarcale, il semble que la famille d'Ahmed soit un exemple particulièrement frappant de l'inexistence des femmes. Mais on en trouve bien d'autres exemples dans la littérature marocaine. Il y a sans doute aussi une sorte de dépit et d'ironie méchante chez Ahmed qui en veut à ces femmes d'être aussi soumises. Il les traite sans doute d'autant plus mal que déjà ce système lui paraît inacceptable et odieux, alors qu'il l'applique lui-même. Lorsqu'il convoque ses sœurs après la mort du père, c'est pour leur annoncer que désormais il sera leur tuteur ; et bizarrement, il renvoie sur elles la responsabilité de cette tutelle qu'il va leur infliger. Il leur dit en effet :

> « J'ai le droit et le devoir de veiller sur vous. Vous me devez obéissance et respect. Enfin, inutile de vous rappeler que je suis un homme d'ordre et que, si la femme chez nous est inférieure à l'homme, ce n'est pas parce que Dieu l'a voulu ou le Prophète l'a décidé, mais parce qu'elle accepte ce sort. Alors subissez et vivez dans le silence ! » (65-66).

On dirait qu'il ne veut leur laisser aucun alibi et leur rappeler que c'est à elles de se prendre en main. La soumission des victimes entraîne un surcroît de sadisme de la part du Maître.

La malédiction

Il est vrai que les femmes de cette société semblent intérioriser un sentiment de culpabilité et d'infériorité. Lorsque la mère ne met au monde que des filles, elle se frappe le ventre pour se punir et se met à se détester. On peut comprendre que par la suite, cette pauvre femme sombre finalement dans la folie. Et d'ailleurs, Zahra aura beaucoup de remords de s'être mal conduite avec sa mère. Elle l'a fait lorsqu'elle était un garçon. Mais elle comprend que c'était mal lorsqu'elle devient une femme.

Les femmes ont le sentiment d'être maudites ou infirmes, ce mot pris au sens étymologique signifiant qu'elles n'ont pas de force, ou qu'il leur manque quelque chose pour être complètes. C'est ce que dit Fatima à cette personne qui est supposée être son mari lorsqu'elle a compris qu'en fait, il s'agit d'une femme : « Nous sommes femmes avant d'être infirmes, ou peut-être nous sommes infirmes parce que femmes » (80).

Fatima souffrant d'épilepsie, on peut penser que c'est la forme matérielle et concrète prise pour elle par cette infirmité du genre féminin.

Pour le personnage principal du roman, on comprend que la féminité soit d'abord vécue comme un manque. Il est vrai en effet que par rapport au corps de garçon qui est supposé être le sien, Ahmed ne peut que constater une certaine absence, l'absence de l'organe sexuel masculin ou pénis, « une verge qui serait mienne mais que je ne pourrais jamais porter ni exhiber » (44).

La situation très singulière d'Ahmed l'amène à des formules un peu étranges comme celle-ci. De sa masculinité, il ne peut être question que sur un certain mode, celui de l'irréel. Mais ce n'est évidemment pas la même chose que s'il n'en était pas question du tout.

Il se trouve que l'absence de pénis chez les filles est à l'origine de toute une théorie élaborée par Freud, celle du complexe de castration. Freud pense que les femmes éprouvent, au moins inconsciemment, le sentiment d'avoir été castrées, c'est-à-dire amputées de ce pénis qui n'apparaît pas dans leur anatomie. C'est une théorie très contestée, notamment par les féministes, et qui passe pour la partie la plus caduque de l'œuvre de Freud. Dans *L'enfant de sable*, Tahar se montre à cet égard d'une grande habileté. Il peut évoquer indirectement et discrètement le complexe de castration, sans le généraliser à toutes les femmes. Ahmed-Zahra est un cas très particulier, en sorte que tout ce qui touche à la condition féminine devient chez elle problématique. Le romancier se met et nous met dans une sorte de situation expérimentale ; nous voyons ainsi beaucoup mieux tout ce qui touche à la différence des sexes en général et aux difficultés éprouvées par les femmes en particulier.

L'absence d'amour

Les connaisseurs d'histoire et de poésie savent que les femmes arabes, à certaines époques, avaient droit au sentiment amoureux. Mais ce n'est pas le cas des Marocaines dont il est question dans *L'enfant de sable*.

Concernant la vie des femmes traditionnelles, c'est finalement son peu d'intérêt qui en est le trait le plus affligeant. Le constat en est fait dès le début du livre, lorsqu'il est question du bain maure ou hammam. Il nous est dit que pour toutes ces femmes, il est l'unique occasion de sortie, une fois par semaine. Le reste du temps, elles mènent une vie réduite, consacrée à la cuisine et au ménage. C'est pourquoi, à un certain moment, Ahmed dit qu'elles ne sont guère que des domestiques. D'autant plus que la mère, représentant sans doute à cet égard des femmes de sa génération, ne sait ni lire ni écrire. Lorsque son état de santé l'amène à vivre enfermée, elle n'a absolument aucun recours qui puisse l'empêcher de sombrer dans la folie.

Il est bien vrai que la plupart des femmes se résignent, ou se résignaient, à leur état, quitte à mener une vie complètement médiocre, comme le font les sœurs d'Ahmed. Mais l'auteur nous incite à ne pas considérer ce mélange d'indifférence et de résignation comme acceptable. Zahra, elle, pense qu'elle n'aurait pu supporter un sort comparable à celui de ses sœurs, qui est pourtant ce que subissent la plupart des filles de son milieu et de son pays. Ce sort ne s'améliore qu'avec la vieillesse, moment où les femmes deviennent enfin libres de leurs mouvements. Fatouma le constate pour elle-même : « Je suis libre parce que je suis vieille et ridée. J'ai droit à la parole parce que ça n'a pas d'importance » (161).

Mais tant que les femmes sont jeunes et séduisantes, les hommes estiment qu'elles sont pour eux un danger. Les vieilles femmes sont plus libres néanmoins vouées à la domesticité. Fatouma qui vit seule et voyage, est une exception.

Une identité insaisissable comme le sable

L'enfant de sable est sans aucun doute une représentation violente du patriarcat marocain ; et le fait que cette histoire soit reprise par divers conteurs ne change rien à son thème dominant. En revanche cette manière de la présenter en change complètement le ton, littérairement parlant. *L'enfant de sable* n'est pas un récit réaliste, qui prétendrait se fonder sur des constats et des observations. Les uns et les autres sont certainement à l'origine du récit, mais son auteur est loin d'insister pour que celui-ci entre dans la catégorie des études de mœurs, en tant que représentation du patriarcat marocain et du statut de la femme dans une société où il prévaut. Il y a certainement un aspect dénonciateur dans le livre de T. Ben Jelloun mais le lecteur est amené à constater qu'il ne s'agit pas de ce qu'on pourrait appeler un roman réaliste de critique sociale.

A l'égard de la sexualité et de l'identité, le projet de l'auteur semble bien davantage insister sur des ambivalences, des ambiguïtés et sur le caractère finalement insaisissable de ce que chaque être poursuit. A cet égard, on peut lire ses intentions dans le titre qu'il a donné à son livre, même si, comme on l'a déjà vu, il le doit pour une part au *Livre de sable* de Jorge Luis Borges (1975).

Chez Tahar Ben Jelloun, le goût de la métaphore est constant, et son usage du mot *sable* en fait partie. La plupart des métaphores désignent le conte, le récit ou le livre. Mais elles permettent aussi d'établir des correspondances avec ce qui se passe dans la vie du personnage, et avec les situations qu'il traverse. Les métaphores désignent le conte comme s'il avait une existence autonome. Pourtant le conte et l'histoire du personnage ne font qu'un et de nombreuses métaphores nous parlent du personnage plutôt que du récit.

Les métaphores donnent un caractère concret aux significations et dispensent l'auteur de les dire sur un mode plus conceptuel, lui permettant ainsi de conserver la poésie qu'il veut inhérente à son récit. On pourrait les désigner très simplement comme des images poétiques, le plus souvent empruntées au monde naturel comme le sable du titre. Voici certaines d'entre elles :

Images poétiques

Les images qui reviennent le plus souvent sont celles du ruisseau et de l'eau courante, du vent, du jour et de la nuit.

On parle du cours d'un récit comme on parle d'un cours d'eau, en employant le même mot. Il est donc assez normal que le déroulement de la parole soit assimilé métaphoriquement à une eau courante. Le conteur parle de la sienne comme d'un ruisseau qui pourrait devenir un fleuve, non sans risque d'inondation. Comme il aime mélanger le concret et l'abstrait de manière à créer des images originales et surprenantes, il suggère l'idée d'un ruisseau qui chemine à travers les pages du livre ; ce qui, dans un pays sec, est une comparaison valorisante pour la parole !

Naturellement il peut arriver que l'eau efface certaines pages, en vertu d'un pur hasard. Ce qui est un moyen de justifier les ellipses et la fantaisie du récit.

Le vent lui aussi peut avoir des effets perturbateurs et justifier un certain désordre. Il est dit que le vent feuillette le livre, ce peut expliquer qu'il tourne parfois les pages un peu rapidement. Mais il a aussi le pouvoir de faire surgir soudain un personnage en le rendant présent par sa voix ; or on sait que dans *L'enfant de sable*, la voix est loin d'être une forme réduite de la personnalité, elle en est au contraire le meilleur indice.

Le soleil et la lune, en tant qu'ils forment un couple d'opposés, ont un rapport avec l'histoire d'Ahmed-Zahra. Comme le personnage de cette histoire, le soleil et la lune, ou bien encore la nuit et le jour, peuvent être considérés comme inévitablement joints et formant une figure double.

Le temps ne cesse de basculer de l'un à l'autre, de la même manière qu'il fait basculer de la vie à la mort et vice versa. Lorsqu'Ahmed-Zahra arrive au comble de l'indécision et de l'ambiguïté dans la recherche de son identité sexuelle, il est question d'un lieu où l'on ne distingue plus le jour de la nuit. Ce qu'il dit un peu plus loin d'une autre manière, évoquant le sentiment qu'il est à la fois l'ombre et la lumière. Le *Je* semble de la même nature que les éléments naturels et cosmiques.

Le sable

C'est évidemment l'image du sable qui est la plus prégnante dans ce récit, raison pour laquelle l'auteur la met en évidence dans son titre, Et il se montre suffisamment explicite, à plusieurs endroits du livre, pour qu'il n'y ait aucun doute sur la signification métaphorique du sable comme il l'entend. C'est d'ailleurs surtout vers la fin de son livre qu'il s'en explique, car c'est aussi le moment où apparaît le plus clairement le caractère insaisissable de son personnage et sa possibilité de passer d'une forme à l'autre. Le sable est une forme fluide de la matière, un peu plus consistant que l'eau et mieux adapté à un pays de sécheresse, aux confins du désert comme le Sud marocain qui est le lieu géographique du livre. Il est le contraire de la pierre ou de tout matériau solide entrant dans une construction et en ce sens il est le symbole même de ce qu'on peut appeler la déconstruction, mot souvent employé en littérature à propos d'un rapport critique aux formes traditionnelles, que la modernité contemporaine s'emploie à faire bouger de plusieurs façons.

La déconstruction

L'enfant de sable n'est pas un récit linéaire produisant une version stable et définitive des faits racontés, c'est au contraire une superposition partielle de versions différentes et légèrement contradictoires. Rien n'y est clairement défini sans être aussitôt remis en cause, y compris, puisque c'est le sujet même du livre, l'identité de son personnage principal : le moment arrive très vite dans le livre où on ne sait plus s'il est homme ou femme, non par l'effet d'une simple supercherie qui pourrait se trouver un jour démasquée par un retour soudain à la vérité mais bien plus gravement parce que ce personnage lui-même ne sait plus qui il est et ne trouvera d'ailleurs jamais, dans le cadre du livre, une réponse à cette question. Le mot *enfant* qui se trouve dans le titre ne renvoie pas seulement à la naissance du personnage et à ses premières années, ce qui ne nous amènerait guère que jusqu'au chapitre 4, alors qu'il y en a 19. Il a le gros avantage d'être en français un mot neutre puisqu'on peut dire aussi bien *un* ou *une* enfant, comme s'il renvoyait à une époque de la vie où la sexualité est encore polymorphe, ce qui veut dire qu'à ce stade, elle n'est pas définie clairement comme une composante de ce qui deviendra un homme ou une femme. Le mot enfant permet au contraire à Tahar Ben Jelloun de maintenir son personnage dans l'indéfinition. Mais c'est évidemment le mot *sable* qui étend cette dernière au récit tout entier, comme on peut en avoir le pressentiment dès le chapitre 5 où le conteur s'écrie : « Ô mes compagnons ! Notre personnage nous échappe [...] Moi j'ai l'impression qu'il est en train de nous fausser compagnie » (54).

La conception du livre illustrée par *L'enfant de sable* doit beaucoup à Jorge Luis Borges, c'est pourquoi elle devient plus explicite lorsque celui-ci, sous le nom de troubadour aveugle, fait son apparition dans le récit. Avec un statut un peu particulier, on peut le mettre au nombre des conteurs si l'on prend le mot à son sens le plus large : n'est-il pas en effet est raconteur d'histoires, qui, comme les autres, tire de ce métier un grand plaisir ? Même s'il le fait par écrit, il retrouve à sa manière la pratique des conteurs, versant de façon originale un récit dans l'autre, pour reprendre sa formule qui convient tout à fait à l'image du sable. Lorsqu'il évoque une femme dont on comprend qu'elle est Ahmed devenu Zahra, il rapporte indirectement ses paroles : « Elle parlait de disparaître, de se fondre dans du sable » (187).

Le sable apparaît comme le moyen de dissoudre toute personnalité marquée, d'en finir même avec la recherche de celle-ci. C'est pourquoi le dernier chapitre du livre, celui qui annonce la disparition de toute trace du récit, s'intitule *La porte des sables.* Dans ce même chapitre, le sable prend une connotation mystique, signifiant la recherche et la possibilité d'un oubli très désiré :

> « Je cherche le pardon. Qui oserait m'accorder cet oubli ? On m'a dit qu'un poète anonyme devenu saint des sables qui enveloppent et dissimulent pourrait m'aider. Je suis parti. Je me suis dépouillé de tout et j'ai suivi la caravane à pied. J'ai tout abandonné. Je me suis vêtu de laine et j'ai pris le chemin du Sud sans me retourner. Je n'avais plus de famille, plus de métier, plus d'attaches » (207).

Dans ce que décrit ici le personnage, on reconnaît d'autant mieux une expérience mystique que l'auteur emploie une expression tout à fait significative : « je me suis vêtu de laine », ce qui est connu comme la caractéristique des Soufis. Cependant la volonté de rompre toute attache et d'en finir avec le monde matériel se retrouve dans d'autres recherches de spiritualité, voire de sainteté, qui se manifestent aux confins de plusieurs religions (quoique souvent dénoncées, comme le soufisme lui-même, par le souci d'orthodoxie). La tendance mystique qui s'affirme dans toute la dernière partie du livre va à l'encontre de ce que pourrait être une volonté de réalisme. Cependant on est amené à constater que les deux coexistent dans *L'enfant de sable* et que cette coexistence, d'une grande originalité, donne sa qualité intrigante au récit. La nature même de celui-ci est aussi énigmatique que la nature ou identité du personnage principal et en ce sens chacun des deux est comme un *miroir* de l'autre, mot qui apparaît souvent dans le texte et qui est manifestement un emprunt, car il est l'une des images bien connues de Borges.

CHAPITRE III

L'ÉNIGME DU MOI

Le personnage principal, un et multiple

L'enfant de sable peut être considéré comme un roman de formation qui montre le passage de son héros à l'âge adulte. Cependant, avant de commencer de manière linéaire le récit de cette vie, le romancier fait une présentation de son personnage alors qu'il est déjà un homme arrivé à une sorte de palier de sa vie. Le premier chapitre est un portrait à la fois physique et psychologique du personnage, qui n'en reste pas moins énigmatique. Nous comprenons qu'il est arrivé à un moment douloureux de sa vie, mais nous ne savons pas encore pourquoi.

A partir du chapitre 2 et grâce à l'intervention du conteur, un retour en arrière nous éclaire sur ce qui s'est passé auparavant. Non seulement nous reprenons l'histoire du personnage à sa naissance, mais même avant celle-ci. En cela Tahar Ben Jelloun agit d'ailleurs comme beaucoup d'autres romanciers, qui commencent par présenter le milieu familial dans lequel leur héros va venir au monde.

Les données du chapitre 1, qui précèdent le retour en arrière, se retrouvent et sont développées plus tard, aux chapitres 8 et 9. Le personnage, qu'on a vu de l'extérieur au début du livre, sera alors présenté de l'intérieur. Ainsi, une première boucle sera bouclée.

Journal intime

Le personnage principal de *L'enfant de sable* est défini par une situation surprenante dont on a parlé à propos du thème principal qui sous-tend l'ensemble du récit. Cependant il a aussi cette autre caractéristique des personnages de roman qui est d'avoir une personnalité individuelle, un être intime. On peut dire ici comme dans d'autres cas que le romancier en fait un portrait psychologique. Il emploie pour cela un procédé très efficace, grâce auquel nous pénétrons dans les profondeurs de son héros. Ce procédé consiste à nous faire lire son journal intime, auquel s'ajoutent des lettres dans lesquelles il se livre sans contrainte, en dehors de tout contrôle social, du fait qu'il ne connaît pas son correspondant ou sa correspondante, qui restera anonyme. En dépit de l'anonymat de la personne à laquelle ces lettres s'adressent, elles contribuent à nous éclairer sur le psychisme et la personnalité du héros. Le journal et les lettres sont les deux moyens trouvés par l'auteur pour nous faire pénétrer dans l'âme intime d'un personnage complexe, Ahmed-Zahra, recourant pour cela à un langage très personnel, de nature poétique plutôt qu'analytique ou descriptive. Les remarques qui valent pour le journal valent aussi pour les lettres, dont l'avantage est d'introduire dans l'introspection une forme dialoguée. Celle-ci témoigne du souci de diversité repris par l'auteur à ses confrères de la littérature orale.

Le journal intime et les lettres nous font connaître de l'intérieur les états d'âme du héros lorsqu'il parvient à l'âge d'homme... ou de femme, c'est toute la question. Ce journal fait partie du grand Cahier puisqu'il est aussi de la main d'Ahmed. Cependant il s'en distingue nettement car il ne comprend aucune narration des faits. Il se borne à décrire ou à suggérer les pensées, sentiments et émotions les plus intimes du personnage qui écrit.

Le propre d'un journal comme celui-ci est d'être écrit à la première personne. Son auteur consacre généralement une part importante de sa réflexion à s'analyser lui-même, en essayant de comprendre comment et pourquoi il agit ou n'agit pas. Le journal intime est ainsi le lieu d'une analyse psychologique portant sur un sujet privilégié qui est le Moi parfois appelé Moi profond, par opposition au Moi superficiel ou social. Depuis le développement de la psychanalyse au XXe siècle et surtout dans sa seconde moitié, les auteurs de journaux intimes qui connaissent les concepts psychanalytiques peuvent tenter de s'analyser eux-mêmes au sens freudien du mot. On peut alors parler d'une auto-analyse ou analyse de soi.

Le journal d'Ahmed est essentiellement poétique, ce qui veut dire dans ce cas que le Moi y part à la recherche de lui-même à travers des images et des métaphores. Le personnage écrivant donne libre cours à son imaginaire sans souci de cohérence logique ou d'analyse rationnelle. C'est un journal qui se caractérise par l'importance qu'y prend le langage. Il est remarquable par l'abondance de formules surprenantes, originales, beaucoup plus allusives et évocatrices qu'analytiques ou descriptives.

L'incertitude et le délire

L'auteur du journal inclus dans *L'enfant de sable* écrit souvent lorsqu'il est dans un état d'esprit et/ou un état d'âme tout à fait anormaux. Le frère de Fatima dit que les gens comprennent difficilement certains des discours qu'il tient : « On se disait qu'il divaguait, que toutes ses lectures le poussaient au délire » (69).

Certains passages du journal semblent en effet délirants. On connaît d'ailleurs ce procédé littéraire qui consiste à prétendre qu'on livre au public le journal d'un fou. Il existe aussi de vrais journaux écrits par des personnes qui sont aux limites de la folie, mais dont l'écriture a pourtant (ou justement pour cette raison) de remarquables qualités littéraires. Tahar Ben Jelloun s'est plu à fabriquer un journal de cette sorte. Lorsqu'Ahmed abandonne les affaires de la maison et se retire dans sa chambre, il se met à écrire de manière confuse voire illisible – on peut en effet considérer que certains passages du journal d'Ahmed sont les textes les plus difficiles à expliquer dans *L'enfant de sable* – mais aussi avec une grande puissance suggestive et poétique.

Double et indécidable

L'ambivalence d'Ahmed l'empêche de parler clairement, d'une manière univoque. Il le dit en recourant à des métaphores, celle-ci par exemple, que l'on trouve au chapitre 4 : « Je suis l'architecte et la demeure ; l'arbre et la sève ; moi et un autre ; moi et une autre » (46).

Les deux dernières formules sont plus habituelles que les deux précédentes, elles aident à en comprendre le sens. Globalement il est certain qu'Ahmed exprime le sentiment de porter en lui, inextricablement mêlés, deux aspects qui normalement devraient être séparés. Le résultat de ces dédoublements et contradictions est inévitablement un certain brouillage dans la perception de la réalité. L'Anonyme écrit dans une lettre une formule qui pourrait être une clef pour tout le journal d'Ahmed : « L'évidence est une vitre embuée » (127). L'expression est paradoxale car s'il y a évidence on devrait y voir clair. Mais le propre de la situation est justement ce mélange : d'une part, un fait très simple, la supercherie du père ; d'autre part des conséquences très complexes, et une ambivalence irréductible. Ahmed, lorsqu'il se regarde lui-même, a le sentiment qu'il n'a plus d'image, ce qui explique pourquoi certaines pages de son journal sont aux limites d'une perte du sens.

La douleur et l'indicible

Ce qui ressort le plus clairement du journal est l'expression d'une douleur. Ahmed ne cesse de rappeler qu'il est un être blessé, un être souffrant. Il est vrai que cette sorte de confidence est souvent le but d'un journal intime. Mais ce qu'il y a de remarquable dans *L'enfant de sable* est le luxe d'images qui en varient l'expression. Au chapitre 4, on en voit plusieurs se succéder dans une même phrase. Ahmed y dit que la tristesse le jette comme élément négligeable dans un monticule d'immondices ou un placard municipal d'objets trouvés que personne n'est jamais venu réclamer, ou bien encore dans le grenier d'une maison hantée, territoire des rats. A chaque image, nous recevons un nouvel ensemble d'émotions ou de sensations. En termes de psychiatrie, on pourrait dire que la personne qui écrit souffre d'une névrose d'abandon, maladie psychique qui entraîne ce qu'on appelle banalement une dépression. Mais des termes tels qu'immondices, vieux placard, grenier à rats ont un pouvoir beaucoup plus fort sur le lecteur parce qu'ils sont chargés d'évocations concrètes qui touchent la sensibilité.

On sait que l'une des caractéristiques du texte poétique est de réutiliser un nombre limité d'images en les déplaçant ou en les variant à chaque fois. Il en est ainsi pour l'image du tas d'immondices, que nous avons vue au chapitre 4 et qui réapparaît au chapitre 5. Ahmed est poursuivi par cette vision douloureuse, devenue obsessionnelle. Il dit, de manière métaphorique, qu'il s'est avancé sur le chemin indiqué par ses parents jusqu'au bord d'un précipice, et que de là, il a découvert un immense terrain où on jette les immondices. Les odeurs se marient, ce qui lui donne non pas la nausée, mais l'ivresse du Mal. L'image de la décharge est beaucoup plus développée que dans l'exemple précédent. Mais surtout on voit apparaître, après beaucoup d'indications sensorielles, un mot d'origine différente, appartenant au registre philosophique et moral : le mot *Mal.* Il y a ici encore mélange de concret et d'abstrait. La douleur dont souffre Ahmed est d'origine physique mais elle est morale. Le vocabulaire du journal intime joue sur cette ambiguïté.

Les passages les plus difficiles du journal sont ceux qui visent à suggérer l'indicible, étymologiquement ce qu'on ne peut pas dire. Il faut surmonter, grâce au langage poétique, ce paradoxe qui consiste à vouloir dire ce qui ne peut être dit, et à saisir l'insaisissable. Autour de l'indicible, les images peuvent se multiplier librement. Chaque image, même si elle n'a pas véritablement de sens, doit s'imposer par sa force propre. Cette force peut être celle d'une sensation, comme la vision, ou celle d'une pure création verbale.

Dans *L'enfant de sable,* on a souvent l'impression que les phrases prennent la forme de versets poétiques. Comme le Coran est écrit de cette façon, il se peut que Tahar Ben Jelloun en ait subi l'influence. En tout cas, le conteur lui-même prévient son public qu'il s'agit d'un poème. Il commence par l'évocation de la douleur et du corps mais aussitôt apparaissent des images qu'on ne peut plus rattacher à ce thème ni à aucun autre :

> « Est-ce la mer qui murmure ainsi à l'oreille d'un cheval mort ? Est-ce un cheval ou une sirène ? Quel rite du

> naufrage happé par la chevelure de la mer ? Je suis enfermé dans une image et les vagues hautes me poursuivent. Je tombe. Je m'évanouis » (54).

On passe de la jument à la mer pour revenir au cheval qui est peut-être une sirène, ce qui permet d'associer en une seule image les deux mots précédents. Puis il y a un nouveau glissement de la sirène à la chevelure et de la chevelure aux vagues. Ces images sont liées à une perte de conscience, dans le sommeil ou dans l'évanouissement. Elles sont encore moins explicables que les figures du rêve, qui parfois s'organisent de manière assez stable. Elles donnent une impression de métamorphose en cours, d'instabilité et de fluidité. Le poète se situe sur les marges de la conscience claire et va jusqu'aux limites de ce qui peut être dit.

L'imaginaire mis en forme

Il arrive qu'une image absurde, née de notre esprit, se développe de plus en plus jusqu'à constituer un tableau très détaillé. Il en est ainsi au chapitre 9 à un moment où Ahmed se sent comme on dit banalement, la tête lourde. A partir de cette sensation il s'engage dans un fantasme très construit, qui comporte en même temps une part d'humour et ressemble à un tableau surréaliste : « Ma tête est lourde. Où la poser. La déposer. La consigner ; La mettre dans une boîte en carton ronde où on range les chapeaux. La placer sur le velours bleu nuit » (103).

L'idée d'une tête humaine dans un carton à chapeaux est à la fois comique et fantastique. On sait que les têtes coupées font l'objet de nombreux fantasmes qui apparaissent notamment dans la peinture. Ce qui frappe ensuite est la précision des détails, qu'on trouve aussi dans les rêves.

Le journal intime inclus dans *L'enfant de sable* s'aventure dans le domaine des fantaisies imaginatives qui ne sont guère explorées que par les artistes d'avant-garde. Ainsi conçu et rédigé, il permet à l'auteur d'arracher ses lecteurs à une conception réaliste du roman.

Portrait d'un *homme blessé*

L'expression « homme blessé » est employée pour parler d'Ahmed à la fin du chapitre 6 (71). En fait elle correspond tout à fait au portrait du personnage qui est fait dès le chapitre 1, sans qu'on sache son nom. Le romancier le désigne alors seulement par le pronom de la 3e personne du singulier, *il*.

D'une manière qui semble assez classique, ce portrait est d'abord physique : un visage mal rasé, marqué de longues rides. Mais on s'aperçoit vite qu'il ne s'agit pas d'un roman à la manière de Balzac où ce genre de portrait donnerait lieu à une description précise, longue et détaillée.

En fait le portrait moral du personnage apparaît aussitôt. On nous dit qu'il est intelligent, silencieux, autoritaire. Mais ces indications débouchent toutes sur le même qualificatif, « énigmatique ». De ces quelques pages d'ouverture, ressort l'idée d'un homme dont les relations au monde sont le résultat d'une histoire complexe qui ne peut se dire en quelques phrases ou en quelques pages. Il y faudra toute la suite du livre, en tout cas tout ce qui nous sera lu dans un certain grand cahier où cet homme étrange consigne tout. Tant il est vrai que sa vie solitaire lui permet de se consacrer à l'écriture. C'est ainsi en tout cas que dès le premier chapitre de son livre, l'habile romancier nous donne envie de nous précipiter dans la lecture pour en savoir plus.

Cette envie est d'autant plus grande que le personnage énigmatique semble avoir vécu des événements étranges et éprouvants. D'où l'importance d'esquisser d'emblée son portrait en *homme blessé.* En fait, l'énigme romanesque est double, car il nous est dit à la fois que le secret du personnage est encore ignoré de tous, et qu'il s'agit d'événements qui marquent un homme profondément et gravement. On nous donne à imaginer ce qu'ont dû être les épreuves morales, d'après les traces physiques qu'elles ont laissées sur lui : « Son dos s'était légèrement courbé, ses épaules étaient tombées en disgrâce [...] Il traînait les pieds, ramassant son corps, luttant intérieurement contre la mécanique des tics qui ne lui laissaient aucun répit » (10).

Ainsi se trouve justifié le retour en arrière qui va nous expliquer ce personnage aussi pathétique qu'énigmatique d'*homme blessé*. A mesure que nous suivons son parcours, nous faisons un premier constat : malgré le ton très poétique de son journal et de ses lettres, il n'est pas sans ressemblance avec beaucoup d'autres jeunes gens dont nous parlent les romans classiques de formation. On y voit des entrées dans la vie qui sont assorties de douleurs et de blessures, le plus souvent invisibles et secrètes.

L'adolescent solitaire

L'Enfant de sable nous est décrit dans ses jeunes années comme un enfant rêveur et imaginatif. Plus que d'autres peut-être, il ressent les mots du langage employés autour de lui comme des êtres singuliers, ayant une réalité matérielle d'objets. Cette perception aiguë du langage, des lettres et des mots, est une prédisposition au métier d'écrivain. On peut penser que pour ce trait comme pour d'autres, on a affaire à des souvenirs personnels de l'auteur Tahar Ben Jelloun.

L'autre trait caractéristique de son personnage lorsqu'il devient adolescent est un sentiment de grande solitude. Dans le roman il y a à cela une explication particulière qui est l'ambivalence sexuelle et tous les problèmes qui lui sont liés. Mais ici encore le romancier utilise habilement la situation de son personnage pour renforcer ce qu'on peut lire à cet égard dans de très nombreux récits d'adolescence. Cet âge dit critique est celui où la communication avec les autres est la plus difficile voire impossible.

Lorsqu'arrive le moment de faire son entrée dans l'âge adulte, Ahmed décide de le faire hardiment. Il se conforme sans réserve au modèle dominant de la société où il vit. Il se montre donc efficace, moderne, cynique et autoritaire. Ici encore, nous retrouvons les caractéristiques du jeune héros romanesque dans la tradition européenne du XIXe siècle, âge classique du roman. Tout ce qui nous est dit d'Ahmed fait penser par exemple à Julien Sorel, le héros du *Rouge et le noir* de Stendhal.

Cette sorte de tension ambitieuse que nécessite l'intégration à la vie adulte explique que le personnage ne connaisse ni l'amitié ni l'amour. Peut-être en conclut-il trop vite qu'il en est incapable, comme il l'affirme dans une lettre à son correspondant.

La relation affective la plus importante est celle qui lie le jeune adulte à ses parents. On aurait pu croire Ahmed violemment hostile à son père. Or, lorsque celui-ci va mourir, le fils en éprouve un désarroi violent. Ce moment constitue une étape nécessaire, inévitable et décisive dans sa vie d'homme. *L'enfant de sable* s'apparente par là au roman dit de formation, qui conduit le héros depuis l'enfance jusqu'au moment où il est amené à prendre la place de son propre père. C'est également le parcours qui est évoqué dans ce qu'on appelle depuis Freud le schéma œdipien.

Le mariage

La particularité sexuelle d'Ahmed fait qu'il ne peut découvrir l'amour « naturellement » et que son mariage est une bizarrerie. Cependant c'est aussi une manifestation de son volontarisme, c'est-à-dire de son projet d'insertion dans la vie sociale conformément au modèle dominant. Le fait qu'il n'aime pas véritablement sa femme n'a rien d'original. On trouverait maint exemple de cette sorte dans le roman européen du XIXe siècle ou dans d'autres. D'ailleurs les sentiments qu'il éprouve d'abord pour Fatima pourraient être ceux d'un époux : désir de la protéger, de la guérir s'il se peut, d'être son soutien dans la vie. Comme il est dit dans *L'enfant de sable* leur mariage pourrait être cette sorte d'arrangement que trouvent les hommes homosexuels ou impuissants.

Dans ces conditions il n'est pas étonnant que le mari en arrive à une sorte de détestation de cette femme qui finalement le trouble et le déstabilise par sa présence. Quelle que soit la manière dont elle décide de partir, c'était un dénouement prévisible et normal. Et il est très normal aussi qu'Ahmed après cela entre dans une grande tristesse, qu'il s'enferme dans la solitude. La crise qu'il traverse alors est grave. C'est le propre des romans dits psychologiques que d'entrer avec minutie dans la description des états dépressifs, voire pathologiques, que traverse leur personnage.

L'entrée en crise

La crise que traverse Ahmed a des causes multiples et elle est multiforme. A dire vrai, on se doutait bien qu'elle était inévitable même si le retard apporté à son arrivée fait partie des procédés d'attente créés par le récit. Elle est liée à la solitude provoquée par son veuvage ou échec de son mariage. Liée aussi au fait qu'il a renoncé à reprendre les affaires de son père, après leur avoir consacré beaucoup d'énergie : il se trouve donc sans occupation professionnelle et cette vacance ne peut que lui donner le sentiment du vide. Liée enfin à ses incertitudes concernant son identité sexuelle, mais le romancier semble vouloir nous dire qu'il s'agit là d'une crise moins exceptionnelle qu'on ne pourrait croire. On sait en effet de nos jours que chaque être porte en soi une certaine ambivalence, même si dans beaucoup de cas elle est peu perceptible et non problématique. L'anecdote ou le fait divers, assez exceptionnels il est vrai, qui sont à l'origine du conte, permettent un grossissement inhabituel de faits par ailleurs connus et compréhensibles.

D'ailleurs, la crise ne fait finalement qu'accentuer certains traits de caractère qui sont des dispositions originelles. Ahmed est orgueilleux, irritable, il supporte mal la critique et a tendance à être méprisant avec les gens qu'il juge médiocres. Il est d'un abord difficile et sait mieux se faire craindre que se faire aimer.

Malgré le fait qu'il se met à boire et à fumer du kif, sa crise ne prend pas un caractère autodestructeur marqué. Il n'est ni suicidaire ni particulièrement violent. L'état que veut nous décrire Tahar Ben Jelloun est plutôt celui d'un être « étranger à lui-même », ce qui est effectivement un état connu en psychiatrie. Cette notion d'étrangeté a été reprise à propos de plusieurs héros de romans marocains dans un essai de Marc Gontard intitulé, *Le moi étrange.* Ahmed emploie une formule intéressante pour désigner la manière dont il perçoit son moi intérieur. Il parle d'une « conscience plâtrée », c'est-à-dire recouverte d'une couche épaisse qui l'emprisonne et l'amortit.

Sexualité

Au cours de cette crise, la question de l'ambivalence sexuelle est sous-jacente, mais il est aussi question de la sexualité en général et du dégoût qu'elle provoque chez le héros. Ce dégoût pourrait remonter à ce que les psychanalystes appellent la scène originaire ou scène primitive. Il s'agit de la première fois où dans sa petite enfance le personnage a été témoin de l'acte sexuel entre ses parents. Ahmed a manifestement très mal supporté ce spectacle et il en est resté traumatisé. Par la suite, au hammam, la vision de sexes féminins lui a aussi inspiré une grande répulsion. Son propre plaisir érotique n'est pas sans lui inspirer parfois une sorte de honte ou de gêne.

Ces différents sentiments sont fréquemment décrits par la littérature et pour autant, les personnages qui les éprouvent ne sont pas des êtres au statut sexuel exceptionnel comme Ahmed-Zahra. On dirait que Tahar Ben Jelloun mène de pair un conte fort peu soucieux de vraisemblance et un roman qui analyse avec la plus grande vérité possible la psychologie de son héros. Autre manière de souligner les ambiguïtés de *L'enfant de sable*, œuvre littéraire d'autant plus fascinante qu'elle reste inclassable et double, comme l'est son personnage principal.

Sortir de la crise

Si la crise est une impasse, le héros en meurt, et c'est plus ou moins la fin de l'histoire, qui peut cependant comporter un épilogue. Si au contraire la crise n'est qu'une traversée, même longue, la vie du héros s'oriente ensuite, bien ou mal, dans une certaine direction.

Tahar Ben Jelloun hésite entre impasse et passage, et dans ce second cas, il voit encore deux possibilités. C'est pourquoi il se donne trois nouveaux narrateurs, auxquels il confie ces différents développements. Chacun d'eux vient clore le destin du personnage principal et le remodèle pour l'inscrire dans une certaine définition.

Les trois voies

La multiplicité de ces destins virtuels est proposée au lecteur sous la forme d'un glissement comparable à celui du sable ; on est entraîné à suivre dans son ruissellement la ligne romanesque qui se divise en trois, permettant au lecteur de continuer l'histoire du personnage dans trois directions différentes. Ou bien, devenu une femme, il lui faut vivre ce qu'il y a de pire dans la condition féminine et subir le destin d'une victime rapidement sacrifiée. Ou bien il reste un homme et cherche sa voie autrement, dans une sorte d'extinction de la vie qui aboutit progressivement à la mort. Ou bien encore il parvient à être une femme différente, émancipée, qui fait l'expérience complète de la société dans laquelle elle vit.

La vie du personnage principal commence donc par une sorte de tronc commun, qui le conduit jusqu'à l'âge de vingt-cinq ans environ. Après quoi, cette vie se poursuit selon une triple possibilité. Ainsi le romancier joue à la fois le jeu du roman classique et celui d'un concept romanesque nouveau sinon avant-gardiste.

La femme soumise

Ahmed, sortant de sa réclusion, devient Zahra. Le romancier doit alors nous expliquer qui est cette femme, physiquement et psychologiquement, quelles sont ses relations aux autres et ses comportements.

Physiquement, nous savons assez peu de choses d'elle, Tahar Ben Jelloun n'étant pas un romancier porté sur les descriptions. Quelques détails pourtant : elle a gardé de son passé de garçon des seins très petits, mais le bas de son corps a des rondeurs féminines, même s'il n'est pas assez rebondi pour le goût des hommes marocains.

Son humeur, dès qu'elle est femme et libre, change complètement. Quoi qu'il arrive elle est gaie, légère et libérée. Elle ne se lasse pas de goûter une sorte d'immense soulagement. Car elle n'a pas oublié l'angoisse où elle vivait au temps de sa réclusion.

Son nouveau comportement s'oppose en tout point à celui de sa période volontariste. Au lieu de se contraindre à entrer dans un schéma préétabli, elle se plaît maintenant à « se laisser faire » et à « laisser venir les choses ». Sa seule idée est qu'elle veut connaître des aventures. Elle n'a pas d'autre moyen de s'y lancer que l'improvisation.

Aux chapitres 11 et 12, on la voit donc, docile et soumise, jouer son rôle dans le cirque, à sa plus grande joie. Il est vrai que les remords et les mauvais souvenirs vont bientôt l'assaillir à nouveau, mais ils représentent le poids du passé, dont Zahra a encore du mal à dégager sa vie présente. Celle-ci, en elle-même, lui convient et ne lui est au contraire d'aucun poids. On dirait que le romancier a voulu offrir à son personnage la récompense méritée après tant d'épreuves. Quitte à en faire surgir de nouvelles, dans la bonne tradition du roman d'aventures, surtout au féminin ! Si telle est l'inspiration du narrateur, Zahra peut devenir une nouvelle Justine de Sade. Salem, en effet suit cette pente, celle de ses propres fantasmes qui ne peuvent manquer d'en faire naître aussi dans l'auditoire. T. Ben Jelloun suggère que la description des violences subies par Zahra peut provoquer chez celui-ci des sentiments mitigés, d'où le plaisir sadique n'est pas exclu, le conteur répondant à une certaine attente inavouable du public. C'est ainsi que Salem nous montre Zahra travaillant toujours au cirque d'Abbas et de sa mère mais devenue victime de ces deux monstres. Elle est livrée sans défense à leur brutalité, notamment aux pulsions sexuelles d'Abbas qui ne pense qu'à la violer. La mère et le fils la menacent, la maltraitent et la torturent. Finalement, lorsqu'elle essaie de se défendre, elle ne peut le faire sans y laisser sa vie.

Dans cette version du dénouement, le destin du personnage est de mourir pour avoir voulu être libre. En se jetant dans l'aventure, Zahra a choisi la liberté mais aussi la mort. Si le sujet était vraiment développé, cela pourrait être une sorte de mélodrame social.

L'homme mystique

Dans la version d'Amar, Ahmed reste un homme et ne peut sortir de l'impasse où l'imposture ancienne de son père l'a jeté. Il vit désormais dans la haine de ses parents comme de lui-même, ce qui signifie qu'en fait, il a perdu le goût et le désir de vivre. Obsédé par la mort, il a horreur des cimetières mais en même temps, il est tenté d'en finir avec la vie.

A ce stade, on a de lui un portrait physique qui est celui d'un homme détruit ou anéanti : « Tu as des cheveux blancs sur les tempes, tu ne souris plus, tes yeux sont éteints, ton regard est dévasté ; tu as de la morve qui pend du nez ; tu es fini, foutu ; tu n'es plus » (150).

Il lui reste à entrer dans ce néant que son corps reflète déjà. Pour y parvenir, il mène une vie purement contemplative. Enfermé dans sa chambre il regarde le ciel étoilé. Il se laisse dépérir et glisse peu à peu dans la mort sans même s'en apercevoir.

Le romancier suggère ici pour son personnage une attitude existentielle qui est celle des mystiques. Ce courant religieux est important dans l'islam. Mais le mysticisme n'est pas nécessairement inscrit dans une pratique religieuse. Il est toujours un choix et une attitude personnelle. Il implique un renoncement au monde physique et à la vie du corps. Dans les romans, ce renoncement fait souvent suite, comme chez *La Princesse de Clèves*, à une vie pleine de trouble et de déchirement.

La femme émancipée

Lorsque Zahra choisit d'être femme et libre, elle est confrontée au problème des êtres qui ont à décider du sens de leur vie. Celui-ci n'est jamais donné et il faut parfois très longtemps pour le trouver. Le pèlerinage qu'elle fait à La Mecque ne lui apporte aucune révélation de type religieux ; d'ailleurs elle s'en doutait et n'en attendait rien.

Il n'en est pas de même pour le voyage de retour qu'elle fait en bateau. Il a sur elle un effet très bénéfique et va lui permettre d'entrer dans une nouvelle vie ou plutôt enfin dans **sa** vie. Il en est ainsi dans certains mythes où il faut franchir un lac ou une rivière pour entrer dans le domaine de l'au-delà. Sur le bateau, Zahra n'appartient plus à aucun monde, et c'est exactement ce qu'elle voulait. Sans passé, sans avenir, elle n'est plus que dans l'instant immédiat.

Après le voyage, Zahra, débarrassée de tout lien, va pouvoir entrer dans le monde réel qu'elle ignorait. Cela consiste surtout à découvrir le malheur et la misère, qu'on nous cache et qu'on se cache habituellement. Blessée dans une émeute, elle partage le sort des déshérités de toute sorte. Son sentiment d'être devenue une autre se traduit par un changement de nom : elle n'est plus Zahra mais Fatouma.

Tahar Ben Jelloun suggère ici ce qui serait la voie du roman social, avec sa part de description et de dénonciation. L'histoire d'Ahmed-Zahra pourrait devenir un roman de cette sorte, dont Fatouma serait l'héroïne. Il paraît certain que cette voie possible du récit est à l'origine du roman suivant, *La Nuit sacrée*, qui en 1887 a valu le Prix Goncourt au romancier.

Cependant le personnage principal ne suffit pas à faire un roman, les comparses ou personnages secondaires jouent un rôle important dans sa définition, même si Tahar Ben Jelloun se plaît à la laisser flotter. C'est peut-être même ce flottement qui laisse à d'autres personnages l'occasion de s'affirmer, au moins provisoirement.

A propos des personnages secondaires

Les personnages secondaires du roman donnent le sentiment, comme le fait tout personnage romanesque, d'avoir une vie autonome. Cependant, dans *L'enfant de sable*, ils sont surtout intéressants par rapport au personnage principal. Cela peut être par l'effet des sentiments qu'ils lui inspirent ou par la relation qu'ils ont avec lui.

Mais pour ce qui est de cette relation, il faut la comprendre dans deux sens et à deux niveaux différents. D'une part il s'agit d'une relation comparable à celle d'êtres réels au sein d'une action qu'ils ont en commun. D'autre part il s'agit d'une relation non dite, invisible, mais tout à fait essentielle : celle qu'ils ont dans l'esprit du romancier, en tant que personnages de son roman. Le livre est une composition, il est bâti sur des correspondances ou des oppositions que le lecteur doit découvrir ou dont il ressent les effets.

On ne gardera des personnages secondaires que ceux qui sont véritablement éclairants par rapport au personnage principal et à la composition d'ensemble du roman.

Il y a ceux ou plutôt celles que le personnage n'arrive pas à intégrer dans sa sphère affective. Ce sont deux femmes, la mère d'Ahmed et Fatima son épouse.

Il y a ceux qui subissent un destin un peu comparable à celui du héros et qui s'assimilent ou s'identifient à lui. C'est le cas d'Amar et finalement du conteur, devenu l'homme au turban bleu.

Il y a enfin deux figures du père, le père naturel et celui que le romancier se choisit. Du père naturel on ne parlera que peu puisqu'il a déjà été étudié au chapitre du *patriarcat*. Par opposition à celui-ci, l'autre père pourrait être dit *culturel* ; d'ailleurs c'est en effet un homme d'une grande culture et érudition. Il s'agit du troubadour aveugle, qui est la figure centrale de deux chapitres du livre. Il est une figure du père que le romancier se choisit. Le roman apparaît alors comme le passage de son héros d'un père à l'autre.

Personnages féminins

La mère

Nous savons déjà que la mère est écrasée par le père et lui obéit en tout point. Cette situation pourrait entraîner de la part du fils beaucoup de tendresse et de compassion. Or ce n'est pas le cas. Bien qu'elle soit décrite par ce fils qui est aussi sa fille, la mère l'est comme une femme traditionnelle enfoncée sans recours dans la médiocrité. Il se montre ironique à son égard lorsqu'elle se réjouit de la complicité que le secret partagé crée entre elle et son mari. Il est également assez méprisant lorsqu'il évoque le plaisir qu'elle prend à bavarder avec ses semblables au bain maure. Il n'a, semble-t-il, aucune conversation avec elle jusqu'au moment où, décidant de se marier, il doit l'en informer. Cette conversation est pour lui l'occasion de l'accabler sous des paroles cinglantes, pleines de réprobation. Il ne fait aucun effort pour la comprendre, il n'a aucune tendresse pour elle. Il l'accuse non seulement de n'avoir aucune volonté personnelle, mais encore de ne pas avoir cherché à en développer chez ses filles.

Après la mort du père, la mère s'enferme dans le silence du deuil. C'est le moment où elle aurait sans doute grand besoin d'être soutenue par son fils, mais il n'en fait rien. Il n'a pour elle ni amour ni respect. Alors qu'elle ne sait pas lire, il prétend ne s'adresser à elle que sous la forme de petits billets écrits. On comprend que la malheureuse voie sa raison vaciller et sombre dans la folie.

Lorsqu'Ahmed se retire dans sa chambre et cesse de s'occuper de la maison, la mère voit dans la déchéance des lieux et de la famille une vengeance du ciel à cause de la supercherie imaginée par son mari. Sa folie s'explique donc en partie par un sentiment insurmontable de culpabilité.

A partir du moment où la mère est folle, elle est très vite abandonnée de tous, d'autant que ses filles se marient et quittent la maison. La seule personne qui soigne la mère et le fils est la vieille servante Malika dont Ahmed a fait une mère de substitution. Il prive ainsi sa mère naturelle des échanges les plus simples qu'ils pourraient avoir du seul fait qu'ils vivent dans la même maison. Lorsqu'Ahmed quitte les lieux pour aller vivre ailleurs et devenir Zahra, on se dit qu'il n'y aura jamais eu depuis sa petite enfance le moindre lien entre sa mère et lui.

Cependant, cette situation engendre finalement pour le fils un remords auquel il n'échappe pas. Pour le personnage principal, qu'il soit Ahmed ou Zahra, la mère reste l'image de la femme qui souffre, et qui subit le malheur comme une fatalité. C'est un être vaincu, écrasé par la vie ; l'existence qu'elle a menée a été un véritable martyre, physiquement et moralement. Or Ahmed-Zahra sait très bien qu'il n'a jamais rien fait pour empêcher cela ou pour améliorer la situation. D'où le remords et le sentiment de ne pouvoir mériter son pardon. Cette hypothèse est exclue du livre. L'idée qui reste et qui est extrêmement affligeante est qu'il n'y a jamais eu la moindre tendresse entre cette mère et son enfant.

L'épouse

On a quelques éléments pour un portrait physique de Fatima. Elle est boiteuse, elle garde les yeux baissés. Comme l'Homme présenté au chapitre 1, elle aussi a des rides profondes, creusées par les crises d'épilepsie auxquelles elle est sujette. Cependant il y a une lumière douce dans son regard clair, elle n'est ni laide ni repoussante.

Ahmed interprète à sa manière les crises d'épilepsie de Fatima. Tout se passe comme s'il y avait une séparation entre sa conscience et son corps. Le corps se retire de son côté et se manifeste sans contrôle possible. Fatima ne parvient pas à donner à son être une unité. C'est une autre forme de dédoublement que l'ambivalence sexuelle dont souffre Ahmed. D'ailleurs, Fatima ressemble aussi à son supposé mari en ceci qu'ils sont l'un et l'autre des êtres blessés, porteurs d'une douleur enfouie dans le tréfonds de leur corps.

Le peu que nous savons de Fatima permet de comprendre qu'elle n'a jamais connu aucune forme de tendresse dans sa famille. Elle est reconnaissante à Ahmed d'avoir fait quelque chose en sa faveur, et elle voudrait établir une sorte de complicité amicale avec lui. Il semble même qu'elle aille jusqu'à imaginer entre eux la possibilité de caresses et d'un plaisir physique. Mais il ne s'agit sans doute que d'une tentation passagère car Ahmed a la preuve qu'elle a renoncé à toute sexualité.

Etant donné ce qu'ont été et ce que sont encore les circonstances de sa vie, Fatima n'a d'autre recours que l'oubli de son être matériel et physique. C'est sûrement la raison pour laquelle elle se plaît à lire les livres de mystiques. Elle arrive assez vite à la conclusion que, d'une manière ou d'une autre, il lui faut disparaître.

Dans ce cas comme dans celui de sa mère, Ahmed n'éprouve pas, sinon pour très peu de temps, la tendresse et la compassion à laquelle on s'attendrait. A l'égard de Fatima aussi il a beaucoup à se reprocher. De plus il ne supporte pas de voir en elle sa propre image dans un miroir. De tout ce qui concerne leur mariage, voulu par lui, il conçoit par la suite, mais trop tard, remords et regrets.

Hommes et femmes

On a l'impression qu'à travers ces deux personnages de mère et d'épouse, le romancier décrit plus largement le problème vécu par beaucoup d'hommes marocains. Ils vivent environnés de femmes qui pourraient leur être proches mais qu'ils ne savent pas aimer.

De la mère à l'épouse, il y a un enchaînement. Ayant été incapable de tendresse pour la première, l'homme n'est pas préparé à en avoir pour la seconde. Les circonstances du mariage, toujours « arrangé » de quelque façon, contribuent à cette incapacité d'aimer. Ahmed agit de manière totalement égoïste : il méprise sa mère et refuse de la prendre en compte. Pour ce qui est de sa femme, il l'utilise parce qu'il en a besoin, sans gêne ni scrupule. Cependant le remords qu'il en éprouve ne peut manquer de lui gâcher la vie. C'est une des causes de sa « crise » et de son malaise récurrent.

Ce double rapport est un échec. Du point de vue de la femme, il y a cependant une différence, qui pourrait désigner l'écart entre ancienne et nouvelle génération. La mère est une victime, de plus en plus pitoyable jusqu'à la fin lamentable de sa vie. En revanche lorsqu'il est question une dernière fois de Fatima à la fin du livre, elle apparaît comme guérie et même heureuse. Il faut peut-être y voir l'image d'une émancipation en cours qui libère les femmes marocaines et leur permet de prendre leur revanche sur le destin.

Les doubles du héros

Il y a deux personnages secondaires bien distincts d'Ahmed et qu'on peut cependant rapprocher de lui.

L'un des deux est Amar qui, devenu narrateur d'occasion, dit qu'il est un vieil homme bien fatigué. Il reconnaît que sa manière de raconter la vie d'Ahmed est largement inventée par lui. On est en droit d'y voir une projection de ce qu'il éprouve. Il dit qu'il se sent comme une carcasse vide, un homme seul et perdu. Il cite les poètes mystiques, ce qui donne à penser qu'il prête ses propres aspirations à Ahmed lorsqu'il décrit la fin probable de celui-ci. Il se voit lui-même comme un corps vidé. Or c'est ce même corps vidé peu à peu de sa substance qui permet à Ahmed de mourir sans même s'en apercevoir dans l'euphorie de la pure contemplation.

L'autre est le conteur principal qui, lorsqu'on le revoit au dernier chapitre du livre, raconte longuement ses aventures et ses tribulations. Lui aussi, comme Ahmed, a connu les étapes d'un parcours initiatique, qui l'a beaucoup changé. Son portrait physique fait penser à celui de l'Homme au chapitre 1, c'est la même apparence, celle d'un homme très fatigué et profondément marqué par la vie. Il a senti la folie toute proche de lui. Pour survivre, il a fait toutes sortes de métiers, un peu comme Zahra à l'époque où elle travaillait pour le cirque d'Abbas. Comme Zahra devenu Fatouma, il a eu l'occasion de découvrir la grande misère qui sévit dans le pays. Et comme elle aussi, il en a subi un changement de personnalité, qui fait qu'il est maintenant désigné autrement : il est devenu « l'homme au turban bleu ».

On constate alors à quel point il a été profondément imprégné, obsédé par son récit. Les personnages dont il a raconté l'histoire, le père, la mère, Fatima, sont entrés dans sa vie. Ils hantent ses cauchemars et lui donnent un sentiment de culpabilité. Or on a vu que c'est aussi le sort du personnage principal, qui se dit poursuivi de la même façon. Ce parallélisme entre le héros et le conteur est une forme d'échange, sinon d'identité, entre vie et fiction. Cette idée fait partie de celles qui intéressent particulièrement l'écrivain Tahar Ben Jelloun. Il l'a héritée de son maître à penser et à écrire, le troubadour aveugle, alias Jorge Luis Borges.

Parmi les doubles du personnage principal, il y a le père qu'il s'est choisi, lorsqu'enfin il a réussi à rompre avec son père naturel. Celui-ci, en tant que père patriarcal, ne peut manquer de laisser une empreinte inoubliable. Il suscite chez le fils un mélange d'effroi et d'admiration. Le fils se sent coupable à son égard. Dans *L'enfant de sable* cette culpabilité s'explique par le fait qu'Ahmed a trahi la volonté de son père en devenant une femme. Mais de toute manière on peut dire que tout fils a trahi ou pense avoir trahi les espoirs que son père mettait en lui. D'autant que, comme dans ce cas particulier, les espoirs du père sont souvent extravagants et démesurés ; de plus ils ne tiennent pas compte des désirs du fils. Ahmed se sent poursuivi par la voix rauque et terrible de son père. A la fin du livre, lorsqu'il est question une dernière fois de lui, c'est encore d'un homme aigri et brutal qu'il s'agit.

Cependant et surtout depuis les travaux de Lacan disciple de Freud, on sait qu'il existe, dans la pensée des gens, une image du père qui n'est pas forcément celle de leur père naturel. Elle en est même souvent fort différente, et son rôle est d'en prendre la place. C'est un père de substitution, volontairement choisi.

Jorge Luis Borges

Borges est né à Buenos Aires en 1899, mais dès son adolescence et sa jeunesse, il passe sept années en Europe. Il fait une grande partie de ses études en Suisse et vit ensuite en Espagne. A son retour en Argentine, il écrit plusieurs recueils de poèmes qui célèbrent son pays et plus spécialement la ville de Buenos Aires. Grand ami des livres, il choisit la littérature contre l'action et devient un remarquable érudit. Ses œuvres les plus célèbres paraissent à partir des années 40 et pendant deux ou trois décennies. Mais en 1955, il est frappé par la cécité, ce qui est particulièrement cruel pour un homme épris des livres.

Dans la dernière partie de sa vie, Borges fait l'objet d'un véritable culte, notamment de la part de jeunes écrivains comme Tahar Ben Jelloun. Lorsque celui-ci choisit d'en faire, sans le nommer, un personnage de son livre, il agit en bon disciple du Maître. En effet, Borges aime beaucoup lui aussi, comme on le verra, mêler les personnages réels et les personnages fictifs. Tahar Ben Jelloun se conduit comme un fils attentionné qui a compris le message du Père et s'emploie à travailler dans le même sens que lui.

Le père élu

Tahar Ben Jelloun réutilise certains aspects de l'œuvre de Borges dans *L'enfant de sable.* Mais Borges existe aussi dans ce livre comme personnage romanesque et il en a tous les attributs. Nous disposons en effet de son portrait physique : il est grand, mince, porte des costumes sombres et cache son regard aveugle derrière des lunettes noires. On le voit dans son décor favori, une chambre tapissée de livres, et on apprend qu'à certains moments de sa vie, il a eu un peu honte de s'adonner entièrement à ce goût aux dépens de l'action. Faut-il penser que Tahar Ben Jelloun, lui aussi, s'accuse d'avoir fait ce choix alors que certains de ses compatriotes et confrères participaient davantage (dans l'opposition) à la politique de leur pays ?

Cette même conscience morale fait que le troubadour, avant même d'être aveugle, a longtemps éprouvé de la gêne à voyager dans les pays pauvres. Cependant, avec la lecture, les voyages ont été sa deuxième occupation favorite. C'est ainsi par exemple qu'il se rend une fois par an à Cordoue. Son grand attachement pour l'Andalousie s'explique par le fait que ce pays a été la terre d'élection de très nombreux savants, poètes, philosophes et écrivains. Malheureusement ils en ont été chassés par la « Reconquête » qu'ont menée les Rois Catholiques, alors que la culture andalouse, depuis des siècles, était à la fois chrétienne, juive et musulmane.

On constate donc que Tahar Ben Jelloun fait un portrait du personnage réel qu'a été Borges, au moment où il arrive à la fin de sa vie. Il meurt le 14 juin 1986, alors que *L'enfant de sable* est paru en septembre 1985. On comprend pourquoi, dans le chapitre 18 intitulé *La nuit andalouse*, Tahar Ben Jelloun montre son troubadour aveugle résistant encore, de façon presque étonnante, à la mort qui vient le frôler.

Le roman *L'enfant de sable* est un hommage écrit du vivant de Borges, mais à un moment où l'on peut déjà mesurer la perte que sera sa disparition prochaine. C'est le conteur qui prononce les paroles émouvantes où s'exprime la conviction de Tahar Ben Jelloun : « Nous serons un peu plus pauvres quand cet homme sera mort. Une infinité de choses – des histoires, des rêves et des pays – mourront avec lui » (200).

L'intertextualité en guise d'hommage : J.L Borges et son œuvre

Si l'on ne suit que les apparences du récit, les deux chapitres consacrés au *troubadour aveugle* ne lui sont rattachés que de fort loin. Pour trouver le lien réel et profond entre le personnage de Borgès et *L'enfant de sable*, il faut explorer ce qu'on appelle l'intertextualité, c'est-à-dire la présence des livres de Borges au sein de celui qu'a écrit Tahar Ben Jelloun. On peut y voir l'affirmation d'une paternité volontairement choisie par le Fils. L'écrivain marocain signifie clairement qu'il se situe dans la descendance du grand écrivain argentin.

Si on remonte à l'étymologie du mot intertextualité, on constate qu'il souligne l'interpénétration de deux textes, l'emprunteur et l'emprunté, et l'imbrication ou tissage de l'un dans l'autre. C'est ainsi que *L'enfant de sable* fait référence à plusieurs textes de J.L.Borges, au moyen de citations qui sont simplement transportées d'un texte dans l'autre. Le nom de l'auteur emprunté n'est pas donné, c'est une petite énigme supplémentaire dans un livre qui se met délibérément sous le signe du secret. Mais les passages de Borges appartenant aux textes les plus connus de cet auteur, en traduction française du moins, tout lecteur cultivé est capable de les identifier. Ce qui était encore plus vrai à l'époque où a paru *L'enfant de sable*, car c'était un moment où Borges était très lu et fréquemment cité. Le roman de Tahar Ben Jelloun utilise aussi de manière constante voire exhibée des mots caractéristiques de l'œuvre de Borges, illustrant ses thèmes récurrents. Ces emprunts, qui se veulent un hommage, ne peuvent se comprendre que comme le signe d'affinités profondes, qui font de Borges un des doubles du personnage de *L'Enfant de sable* et de son auteur.

Affinités

Jorge Luis Borges a surtout écrit des contes, qui ont été regroupés et publiés en recueils.

Fictions est un recueil en deux parties. La première, intitulée « Le jardin aux sentiers qui bifurquent », date de 1941. La seconde, intitulée « Artifices » est de 1944. La traduction française en a été faite en 1957 et 1965.

La première des *Fictions* dont s'inspire T. Ben Jelloun s'intitule « Les ruines circulaires ». Il en cite une dizaine de lignes, empruntées à l'extrême fin de la nouvelle, là où se trouve la clef de tout le texte. Dans le passage cité, il s'agit d'un personnage qui prend conscience de vivre ses derniers moments, un peu comme le « troubadour aveugle ». Celui-ci en effet, au chapitre 17 de *L'enfant de sable* mais encore plus dans le suivant, insiste beaucoup sur le fait qu'il en est arrivé à la fin de sa vie. Une autre prise de conscience du personnage de Borges est bien plus troublante et énigmatique. Le fait qu'il soit insensible aux flammes prouve qu'il n'est pas de la nature des êtres réels, ni fait comme eux de chair humaine vulnérable. Il n'est qu'une apparence, ce qui dans ce cas particulier veut dire, un personnage rêvé par quelqu'un.

Ce trait ultime, provocant un effet de surprise, est en rapport avec le sujet de la nouvelle tout entière. On ne sait pas le nom du personnage, c'est un « homme gris », un étranger, débarquant dans un lieu lui-même étrange, où il n'y a que des ruines. Mais on apprend très vite que cet homme a un projet surprenant : « Il voulait rêver un homme : il voulait le rêver avec une intégrité minutieuse et l'imposer à la réalité ». Or cet homme, après des résultats mitigés, s'aperçoit d'une catastrophe contraire à son projet : il n'arrive plus à rêver, et ceci pour la bonne raison qu'il n'arrive plus à dormir. Il lui faut un très long travail sur lui-même pour retrouver les conditions nécessaires, mais enfin il y parvient. Cet homme qu'il a rêvé, il le considère comme son fils et lui accorde son autonomie. De ce passage que Tahar Ben Jelloun a choisi de citer ressort l'autonomie des personnages de fiction par rapport à l'écrivain qui les a créés.

La deuxième référence de Tahar Ben Jelloun à *Fictions* concerne la nouvelle intitulée « Le jardin aux sentiers qui bifurquent ». Dans *L'enfant de sable* le troubadour aveugle parle de « Stephen Albert, un vieil ami, mort depuis longtemps. Il avait été missionnaire à Tientsin » (181). Et il ajoute qu'il s'agit là de l'un de ses personnages. On trouve en effet Stephen Albert comme personnage principal de la nouvelle intitulée « Le jardin aux sentiers qui bifurquent ».datée de 1941. Or c'est précisément la date évoquée par Tahar Ben Jelloun, avant la citation qu'il fait de ce texte.

Dans la nouvelle de Borges, le personnage principal du récit, qui parle à la première personne, évoque sa situation, fort délicate. Il se trouve être un espion, pendant la Première Guerre mondiale. Son expérience lui suggère un conseil pour ceux qui participeront aux guerres futures. Ce conseil tient en une phrase assez longue, que Tahar Ben Jelloun reprend sous forme d'une citation où il est question du passé et de l'avenir déterminé par lui. Dans *L'enfant de sable*, cette citation est adressée à la femme arabe qui n'est autre que Zahra et peut faire allusion au fait qu'elle porte le poids de son passé comme un destin.

Lorsque Stephen Albert paraît, il donne quelques informations sur lui-même, dont celle qui est reprise par le chapitre 17 de *L'enfant de sable* mais aussi sur d'autres personnages dont un certain Ts'ui Pên, qui est l'arrière-grand-père de son visiteur. Jadis, ce personnage a renoncé à tous ses pouvoirs pour construire un livre et un labyrinthe. Pour cela « il se cloîtra pendant treize ans dans le Pavillon de la Solitude Limpide ». Ce Pavillon fait l'objet d'un emprunt et d'une citation par Tahar Ben Jelloun qui met dans la bouche du troubadour la phrase suivante : « C'était cela mon labyrinthe personnel que j'aime appeler le "Pavillon de la Solitude Limpide" » (182).

A la fin de l'histoire, dans le cadre de sa mission d'espionnage, le narrateur de la nouvelle de Borges est amené à tuer Stephen Albert. Ce qui explique l'allusion faite par le troubadour au chapitre 17 : « Elle ne savait pas que Stephen était mort » (181).

On voit donc que la nouvelle de Borges a été réutilisée par Tahar Ben Jelloun de plusieurs façons, et qu'il s'agit véritablement d'intertextualité, c'est-à-dire d'un tissage serré entre les deux textes.

L'Aleph est un autre recueil de nouvelles écrites par Borges ; il porte le titre de la dernière d'entre elles. Elles ont paru en Argentine entre 1947 et 1952. La traduction française est de 1967.

« Le Zahir » est une des nouvelles incluses dans ce recueil. Tahar Ben Jelloun en évoque les premières lignes, où il est dit que le "zahir" est une monnaie courante de vingt centimes. Mais il ajoute aussitôt une information qui dans la nouvelle de Borges ne vient que beaucoup plus tard. Elle concerne le sens de ce mot en arabe : le notoire, le visible, ce qui est l'un des quatre-vingt-dix-neuf noms de Dieu. Le zahir fait l'objet de croyances populaires dans le monde musulman.

Tahar Ben Jelloun utilise à sa manière l'emprunt qu'il fait à la nouvelle de Borges. D'une part, en évoquant principalement des villes telles que Tétouan et Cordoue, il renforce la coloration arabo-musulmane que l'écrivain argentin n'avait pas privilégiée. D'autre part c'est pour lui un moyen d'introduire une autre pièce de monnaie, le bâttène, dans son propre récit. Or le bâttène lui convient parfaitement puisque cette pièce de monnaie porte sur l'une de ses faces une figure d'homme et sur l'autre une figure de femme : « Sur le côté face, une figure d'homme avec une moustache fine, une chevelure longue et les yeux assez grands. Sur l'avers, le même dessin sauf que l'homme n'a plus de moustache et qu'il a une apparence féminine » (175-176).

Bien que l'ambivalence sexuelle ne soit pas l'un des sujets favoris de Borges, on trouve aussi dans l'un de ses livres une image de cette sorte. C'est dans la nouvelle « Histoire du guerrier et de la captive » de ce même recueil *L'Aleph,* et à la dernière phrase de ce récit : « Les histoires que j'ai racontées sont peut-être une seule histoire. L'avers et le revers de cette médaille sont, pour Dieu, identiques ».

Finalement le zahir est associé au soufisme, une forme de mystique musulmane à laquelle Tahar Ben Jelloun s'intéresse beaucoup. Il avait donc plusieurs raisons de réutiliser le zahir évoqué par Borges pour en tirer parti à sa façon.

L'auteur et autres textes : « Cuarteta ou Quatrain »

Dans ce recueil en édition bilingue, on trouve un « cuarteta » mot dont la traduction française est « quatrain ». C'est un poème que Tahar Ben Jelloun a repris intégralement dans les deux langues, à la fin de son chapitre 18 « La nuit andalouse ». Cette citation clôt les emprunts à Borges qui dans *l'Enfant de sable* s'étendent donc sur deux chapitres. On peut considérer qu'elle est une sorte d'adieu et d'ultime hommage au Maître, car l'homme qui parle dans le poème s'interroge avec étonnement sur l'imminence de sa propre mort :

> Est-il possible que moi, sujet de Yaqoub al Mansour,
> Comme durent mourir Aristote et les roses, je meure à mon tour ? » (198)

Ce poème est supposé être emprunté à un *Divan* ou *Diwan* dont l'auteur porte comme surnom *El Magrebi* ce qui veut dire évidemment *le Maghrébin.* En cela il ne pouvait manquer d'intéresser Tahar Ben Jelloun. Mais il s'agit très probablement d'un auteur inventé par Borges, comme il l'a souvent fait.

La réalité et le rêve

L'œuvre tout entière de Borges est construite autour de la conviction que rien ne permet de distinguer de manière sûre le rêve et la réalité. On a vu cette idée dans « Les ruines circulaires » du recueil *Fictions.* Elle est également très présente dans *L'auteur et autres textes.* Elle débouche sur des formules très explicites, celle-ci par exemple dans « La parabole du palais » : « La réalité se confondait avec le rêve. Mieux dit, le réel était une des virtualités du rêve ».

Le chapitre 18 de *L'enfant de sable*, « La nuit andalouse », commence par une longue évocation d'un rêve. Après quoi le narrateur, qui est le troubadour Borges, décide de faire *le voyage du rêve.* Mais à la fin de ce même chapitre, il lui est en fait impossible de décider entre rêve et réalité : « Ai-je rêvé la nuit andalouse ou l'ai-je vécue ? » (197). Cette commune incertitude des deux créateurs à l'égard de ce qu'on appelle le réel est à l'origine de leurs affinités et le livre de Tahar Ben Jelloun est une manière éclatante de les revendiquer.

Conclusion

Le récit de Tahar Ben Jelloun met en valeur deux problématiques principales, et il se trouve qu'en français on peut désigner les deux objets sur lesquelles elles portent par un même mot : le genre, au sens sexuel ou au sens littéraire du mot.

L'identité sexuelle

A plusieurs reprises le personnage principal de *L'enfant de sable* se découvre dépourvu d'identité sexuelle, par l'effet paradoxal d'une sorte de trop plein qui veut qu'il soit à la fois homme et femme. Les moments les plus troublants sont ceux où il se découvre ni tout à fait homme ni tout à fait femme, en proie à une vertigineuse indistinction. Les questions qu'il est amené à se poser sur son identité sont tout à fait insolubles et restent sans réponse : « J'ai perdu la langue de mon corps ; d'ailleurs je ne l'ai jamais possédée. Je devrais l'apprendre et commencer d'abord par parler comme une femme. Comme une femme ? Pourquoi ? Suis-je un homme ? » (96)

Ces questions sont posées dans le texte de T. Ben Jelloun à partir d'un personnage particulier, mais de manière à être généralisables. Nous vivons à une époque qui pense avoir découvert qu'en tout homme il y a des aspects féminins et en toute femme des aspects masculins. Ce constat n'a rien à voir avec l'homosexualité. Il souligne les incertitudes de l'identité sexuelle, qui pour une large part est construite socialement.

Dans ce roman, Tahar Ben Jelloun n'oublie pas que sa préoccupation principale est la société marocaine de son temps. Il dénonce avec force les pratiques « machistes » par lesquelles l'homme, en tant que mâle, se donne abusivement tout pouvoir.

Cependant les propos tenus dans *L'enfant de sable* sur ce qu'il en est du genre sont d'une stupéfiante actualité et rejoignent les débats en cours dans les sociétés contemporaines les plus avancées à cet égard. Ses positions sont fermes, réfléchies et argumentées. Il ne fait pas de la féminité une essence irréductible. Fatouma, qui fut Zahra, constate qu'il faut peu de choses pour passer d'un sexe à l'autre, et que c'est une simple affaire d'apparence ou de déguisement. Pourtant la définition sexuelle a une importance et des conséquences considérables. Fatouma dit aussi que le passage d'un sexe à l'autre est « une expérience assez extraordinaire » (166).

Globalement, *L'enfant de sable* fait partie des livres qui ouvrent une perspective troublante sur l'identité sexuelle. Virginia Woolf, romancière anglaise, avait déjà imaginé dans un roman intitulé *Orlando* (1928) un personnage dont la vie s'étend sur plusieurs siècles au cours desquels il change d'appartenance sexuelle.

La pluralité du récit

L'enfant de sable n'est pas un roman classique, il en est la mise en question. En effet son auteur laisse entendre qu'on ne peut pas raconter continûment la vie d'un individu du début à la fin, comme si le romancier était omniscient et pouvait tout dire sur son personnage. C'est une critique que Jean-Paul Sartre avait déjà adressée aux romans de François Mauriac. On la trouve surtout exprimée dans les années 1960 à 1970 par les théoriciens du Nouveau Roman. L'un d'eux, Alain Robbe-Grillet, a fait la critique du roman balzacien et de son illusion réaliste. Le roman appartient à la littérature, non à la réalité.

On peut dire de *L'enfant de sable* que c'est une œuvre ouverte : Tahar Ben Jelloun laisse volontairement son roman inachevé, donc ouvert sur plusieurs directions. Il reprend ainsi une position définie par l'écrivain italien Umberto Eco auteur d'un essai intitulé *L'œuvre ouverte* paru en 1962. Comme le titre l'indique, l'idée principale est que le roman devrait laisser à son lecteur le choix, selon sa convenance, entre un nombre infini de possibilités. L'idée que *L'enfant de sable* est une œuvre inachevée est rappelée au dernier chapitre par le conteur. Cependant, dans *La Nuit sacrée,* le romancier propose une suite possible pour son roman.

JUGEMENTS SUR L'ÉCRIVAIN ET SUR L'ŒUVRE

Appréciations sur Tahar Ben Jelloun et *L'enfant de sable*

L'enfant de sable vu par son auteur :
« Rappelez-vous ! J'ai été une enfant à l'identité trouble et vacillante. J'ai été une fille masquée par la volonté d'un père qui se sentait diminué, humilié parce qu'il n'avait pas eu de fils. Comme vous le savez, j'ai été ce fils dont il rêvait. Le reste, certains d'entre vous le connaissent ; les autres en ont entendu des bribes ici ou là. Ceux qui se sont risqués à raconter la vie de cet enfant de sable et de vent ont eu quelques ennuis : certains ont été frappés d'amnésie ; d'autres ont failli perdre leur âme ».

Préambule de *La Nuit sacrée*, 1987 : 6

« Depuis ses premiers livres, on constate, chez Ben Jelloun, un refus de l'univocité narrative, règle d'or du récit réaliste, et la pratique d'une narration plurielle par le biais du système des délégations de voix. Toutefois, ce n'est qu'à partir de *Moha le fou, Moha le sage* que le narrateur est explicitement mis en scène sous les traits du conteur populaire, tel qu'il se rencontre sur la place Jemaa el Fna de Marrakech, par exemple. Cette pratique entraîne deux conséquences : la réintégration du récit romanesque dans une pratique culturelle spécifiquement marocaine qui met en évidence la fonction communicative de l'acte de raconter dans l'interaction conteur-public et l'inscription de l'écriture narrative de Ben Jelloun dans ce courant actuel qu'on appelle le post-modernisme ».

Marc Gontard, 1993 : 13

« Ainsi note-t-on tout d'abord, dans *L'enfant de sable,* une sorte d'évanescence du pouvoir narratif qui subit à la fois un effritement, une dissolution. Le conteur perd en effet l'une de ses fonctions essentielle et obligatoire, la fonction de *régie,* c'est-à-dire qu'il ne maîtrise plus l'organisation du récit. En outre, avec la dissémination des voix narratives et leur effet contradictoire, le récit devient "allergique à lui-même" (Ricardou) révélant par là sa nature fictive, si ce n'est son *hyper-fictivité* ».

Marc Gontard, 1993 : 26

Appréciations sur d'autres livres de T. ben Jelloun, qui semblent convenir parfaitement à *L'enfant de sable*

A propos de *La prière de l'absent* (1981)

« Les livres inspirés sont rares et précieux, parce que ce qu'ils disent n'appartient pas à l'artifice du langage qui feint d'être vrai. Le livre de Tahar Ben Jelloun est de ceux-là. Histoire imparfaite et hasardeuse, car les hommes et les femmes qui l'habitent sont des ombres fugitives... Mais c'est la force de cette interrogation et la magie de la poésie qui nous capturent et nous entendons à nouveau la voix du conteur sur la place, qui sait changer le cours du temps ».

J.M.G. Le Clézio : 1981 : 4ème de couverture

A propos de *La nuit sacrée* (1987)

« Comme tout écrivain digne de ce nom, Ben Jelloun n'est donc pas un simple transmetteur-traducteur du verbe populaire, ni seulement le reproducteur de schémas culturels bien précis, mais un artiste doté d'une imagination riche et féconde. Celui-ci, indubitablement infiltré par sa tradition orale maghrébine, a su s'emparer d'une parole vagabonde et d'un imaginaire errant propres à sa culture, les agencer aux niveaux esthétique et narratif pour enfin les exposer par écrit dans une sorte de conte romancé qu'est à mon avis *La Nuit sacrée* ».

Sarra Gaillard, 1992 : 134-135

A propos de *Les Yeux baissés* (1991)

« Ces questions linguistiques se traduisent dans le roman par le besoin d'harmoniser deux traditions culturelles bien différentes ; La première, celle de la nation maghrébine, est symbolisée par l'image des yeux baissés qui donne son titre au roman de Ben Jelloun. En effet ce geste représente la retenue, la pudeur d'une culture basée sur le respect de la tradition, le culte du passé, le silence, ou bien la parole orale, qui ne laisse pas de traces [...] L'autre culture est représentée par l'alphabet, l'acquisition du savoir, la promotion de la femme au même rang que l'homme, mais aussi par la violence envers tout ce qui est différent et l'humiliation. Au plan narratif, la dialectique entre ces deux traditions affecte la structure même des romans de Ben Jelloun ».

Marta Segarra, 1993 : 236-237

A propos de *Le premier amour est toujours le dernier* (1995)

« Dans mon pays, il y a quelque chose de brisé dans les relations entre l'homme et la femme. Au sein du couple, il n'y a point d'harmonie. L'amour est le reflet d'une grande violence. Il est trop souvent confondu avec la sexualité. Alors que la femme dit qu'il n'y a pas de sexualité sans amour, l'homme lui répond : pas forcément.

Ce livre raconte le déséquilibre et les malentendus entre l'homme et la femme arabes. Les histoires qu'on y trouve ne parlent que d'amour, c'est-à-dire de solitude, de secret et d'incompréhension. Et puis ce besoin d'amour devient vite une recherche de soi, car pour aimer l'autre, pour donner, il faut s'aimer un peu soi-même. Ce n'est pas si simple, dans un pays où la tradition et la religion aident surtout l'homme à asseoir sa petite puissance, alors même que rien ne peut s'y faire sans la femme ».

Tahar Ben Jelloun , 1995 : 4ème de couverture

A propos de *Cette aveuglante absence de lumière* (2001)

« Le thème de la lumière marque l'œuvre de Tahar Ben Jelloun. Mais *L'ange aveugle, La Nuit de l'erreur, Les yeux baissés, La Nuit sacrée*, Prix Goncourt 1987, sonnent comme des contes orientaux. Son dernier livre, lui, ne doit rien aux *Mille et Une nuits,* s'inscrivant dans la réalité la plus sordide du Maroc contemporain ».

Dominique Mataillet, 9-15 janvier 2001 : 115-117

« "Longtemps j'ai cherché la pierre noire qui purifie l'âme de la mort."

La première phrase du roman de Tahar Ben Jelloun nous remet en mémoire les réflexions de Victor Segalen et de Gabriel Marquez sur le parfait *incipit.* Celui-ci n'est pas loin de l'être : on se perd dans le riche lacis des échos, des connotations et des ramifications qu'il suggère. [...] De toute façon, cette première phrase est un chef-d'œuvre ».

Fouad Laroui, 9-15 janvier 2001 : 116.117

A propos de *Partir* (2006)

« Tahar Ben Jelloun déroule à sa manière [...] l'histoire réelle et imaginaire de ses relations au pays, le Maroc, dont il est originaire. Amour et haine, attirance et répulsion, son regard sur la terre mère relève toujours de cette contradiction : le pays aimé où l'on ne vit pas. *Partir,* son dernier roman, s'inscrit dans cette logique en mettant en scène toute une génération de jeunes Marocains qui ne trouvent pas leur place chez eux [...] ils ne rêvent que d'une chose, partir. Tahar Ben Jelloun hésite entre le conte et le roman et n'est pas complètement à l'aise ».

Michèle Gazier, *Télérama* du 5 avril 2006

Bibliographie

Tahar ben Jelloun

A partir de 1985, date de *L'enfant de sable*, la bibliographie ici présentée devient très sélective et ne cite plus que quelques titres évoqués dans cet ouvrage.

Pour un ensemble d'informations rédigées et contrôlées par l'auteur, on se reporterа à son site internet : *www.taharbenjelloun.org*

Romans :

Harrouda, Paris, Denoël, 1973

La réclusion solitaire, Paris, Denoël, 1976

Moha le fou, Moha le sage, Paris, Le Seuil, 1978

La Prière de l'absent, Paris, Le Seuil, 1981

L'écrivain public, Paris, Le Seuil, 1983

La fiancée de l'eau, Arles, Actes Sud, 1984

L'enfant de sable, Paris, Le Seuil, 1985

La Nuit sacrée, Paris, Le Seuil, 1987, Prix Goncourt 1987

Jour de silence à Tanger, Paris, le Seuil, 1990

Les yeux baissés, Paris, Le Seuil, 1991

L'homme rompu, Paris, Le Seuil, 1994

Le premier amour est toujours le dernier (nouvelles), Paris, Le Seuil, 1995

L'ange aveugle (nouvelles) Paris, Le Seuil, 1992

L'auberge des pauvres, Paris, Le Seuil, 1999

Partir, Paris, Gallimard, 2006

Poésie :

Hommes sous linceul de silence, Casablanca, Atlantes, 1971

Cicatrices du soleil, Paris, Maspéro, 1972

Le Discours du chameau Paris, Maspéro, 1974

Les Amandiers sont morts de leurs blessures, Paris, Maspéro, 1976

A l'insu du souvenir, Paris Maspéro, 1980

Essai :

La plus haute des solitudes, Paris, Le Seuil, 1977

Le racisme raconté à ma fille, Paris, Le Seuil, 1998

SUR TAHAR BEN JELLOUN ET *L'ENFANT DE SABLE*

GONTARD Marc, *Violence du texte. Littérature marocaine de langue française.* Paris, SMER/ L'Harmattan, 1981.

–, *Le Moi étrange. Littérature marocaine de langue française*, Paris, L'Harmattan, 1993.

MOUZOUNI Lahcen, *Le Roman marocain de langue française,* Paris, Publisud, 1987.

SAIGH BOUSTA Rachida : *Lecture des récits de Tahar Ben Jelloun,* Casablanca, éd. Afrique-Orient, 1992.

TENKOUL Abderrahman : *Littérature marocaine d'écriture française,* Casablanca, éd. Afrique-Orient, 1985.

LECTURES COMPLÉMENTAIRES

Autres œuvres littéraires

BORGES Jorge Luis, *L'aleph* (1962), Paris, Gallimard. L'imaginaire, 1967

–, *L'auteur et autres textes* (1960), Paris, Gallimard, 1965

–, *Fictions* (1956 et 1960), Paris, Gallimard, 1967 et 1965
–, *Le Livre de sable* (1975), Paris, Gallimard, 1978
CHRAÏBI Driss, *Le Passé simple*, Paris, Denoël, 1954
Les Mille et une nuits, Paris, Gallimard, Pléiade 2005-2006
POTOCKI Jean, *Le Manuscrit trouvé à Saragosse*, Paris, José Corti, 1989
WOOLF Virginia : *Orlando*

Essais et études

ADAM Jean-Michel : *Le récit,* Paris, PUF, Que sais-je, 1984
BENCHEIKH Jamel Eddine, *les Mille et Une nuits ou la parole première*, Paris, Gallimard, Bibliothèque des Idées, 1988.
BOUHDIBA Abdelwahab, *La sexualité en Islam*, Paris, PUF, 1975.
CHEBEL Malek, *Encyclopédie de l'amour en Islam,* Paris, Payot et Rivages, 1995.
DIDIER Béatrice, *Le Journal intime*, Paris, PUF, 1991
ECO Umberto, *L'œuvre ouverte,* 1962, Paris, Le Seuil, 1965 pour la trad. française
EL KHAYAT-BENNANI Ghita, *Le Monde arabe au féminin*, Casablanca, EDDIF, s.d
GAILLARD Sarra, « Littérature et oralité au Maghreb », dans *Itinéraires et contacts de cultures*, Paris, L'Harmattan, 1993
GARDET Louis et ANAWATI G.C, *La Mystique musulmane,* Paris, Vrin, 1977.
LAROUI Fouad et MATAILLET Dominique, « Lire écouter voir : Voyage au bout de l'enfer » dans *L'Intelligent* n° 2087, 9-15 janvier 2001

MERNISSI Fatima, *Sexe idéologie islam*, Paris, Tierce, 1983.

SEFRIOUI Kenza, *La revue "Souffles",1966-1973, espoirs de révolution culturelle au Maroc,* Casablanca, éditions du Sirocco, 2013

SEGARRA Marta, *Studia Neophilologica* , volume 65 : Taylor and Francis group, www.routledge.com, 1999

Table des matières

Tahar Ben Jelloun et le Maroc en 1985 7

Chapitre I : Les deux sources de la culture marocaine 13

Une vocation d'écrivain 13

L'Enfant de sable comme aboutissement d'un parcours d'écrivain 17

L'oralité et l'écriture : un entrecroisement constant 23

La voix 33

L'écriture 36

Le Coran et la poésie mystique 44

Chapitre II : Construction et déconstruction du récit 47

Résumé 47

Patriarcat et statut de la femme dans la société marocaine 51

Le patriarcat et le pouvoir des pères 52

Le statut de la femme, un statut d'infériorité 58

Avant l'islam 59

La femme soumise 61

La malédiction 63

L'absence d'amour 64

Une identité insaisissable comme le sable 65

Images poétiques 67

Le sable 68
La déconstruction 69

Chapitre III : L'énigme du Moi 73
Le personnage principal, un et multiple 73
Journal intime 74
L'incertitude et le délire 75
Double et indécidable 76
La douleur et l'indicible 77
L'imaginaire mis en forme 79
Portrait d'un *homme blessé* 80
L'adolescent solitaire 81
Le mariage 83
L'entrée en crise 84
Sexualité 85
Sortir de la crise 86
Les trois voies 86
La femme soumise 87
L'homme mystique 88
La femme émancipée 89
A propos des personnages secondaires 90
Personnages féminins 92
La mère 92
L'épouse 93
Hommes et femmes 95
Les doubles du héros 95
José Luis Borges 97
Le père élu 98
L'intertextualité en guise d'hommage :
J.-L. Borges et son œuvre 99
Affinités 100
L'auteur et autres textes : « Cuarteta ou
Quatrain » 104
La réalité et le rêve 105

Conclusion 107
L'identité sexuelle 107
La pluralité du récit 108

Jugements sur l'écrivain et l'œuvre 111
Appréciations sur Tahar Ben Jelloun et *L'enfant de sable* 111
Autres appréciations pouvant convenir à *L'enfant de sable* 112

Bibliographie 117
Tahar Ben Jelloun 117
Sur Tahar Ben Jelloun 118

Table des matières 121